O EVANGELHO DE
FELIPE

Dados Internacionais de Catalogação na Publicação (CIP)
(Câmara Brasileira do Livro, SP, Brasil)

Leloup, Jean-Yves
  O Evangelho de Felipe / Jean-Yves Leloup ; tradução de João Batista Kreuch. – Petrópolis, RJ : Vozes, 2006.
  Título original: L'Évangile de Philippe.

2ª reimpressão, 2025.

ISBN 978-85-326-3331-6
  Bibliografia.
  1. Evangelho de Felipe – Crítica e interpretação 2. Evangelhos apócrifos I. Título.

06-2788   CDD-229.806

Índices para catálogo sistemático:
1. Evangelho de Felipe : Apócrifos : Bíblia : Interpretação e crítica   229.806

JEAN-YVES LELOUP

O EVANGELHO DE FELIPE

Tradução de João Batista Kreuch

Petrópolis

© Éditions Albin Michel, 2003
Tradução do original em francês intitulado
L'Évangile de Philippe

Direitos de publicação em língua portuguesa:
2006, Editora Vozes Ltda.
Rua Frei Luís, 100
25689-900 Petrópolis, RJ
www.vozes.com.br
Brasil

Todos os direitos reservados. Nenhuma parte desta obra poderá ser reproduzida ou transmitida por qualquer forma e/ou quaisquer meios (eletrônico ou mecânico, incluindo fotocópia e gravação) ou arquivada em qualquer sistema ou banco de dados sem permissão escrita da editora.

CONSELHO EDITORIAL

Diretor
Volney J. Berkenbrock

Editores
Aline dos Santos Carneiro
Edrian Josué Pasini
Marilac Loraine Oleniki
Welder Lancieri Marchini

Conselheiros
Elói Dionísio Piva
Francisco Morás
Teobaldo Heidemann
Thiago Alexandre Hayakawa

Secretário executivo
Leonardo A.R.T. dos Santos

PRODUÇÃO EDITORIAL

Anna Catharina Miranda
Eric Parrot
Jailson Scota
Marcelo Telles
Mirela de Oliveira
Natália França
Priscilla A.F. Alves
Rafael de Oliveira
Samuel Rezende
Verônica M. Guedes

Editoração: Fernando Sergio Olivetti da Rocha
Diagramação: Sheilandre Desenv. Gráfico
Revisão gráfica: Barbara Kreischer
Capa: WM design

ISBN 978-85.326.3331-6 (Brasil)
ISBN 2-226-13812-9 (França)

Este livro foi composto e impresso pela Editora Vozes Ltda.

Sumário

Lista de abreviações, 7
Introdução (Jean-Yves Leloup), 9
   A invenção dos Evangelhos, 9
   O Evangelho de Felipe, 12
   Felipe, 16
   Os grandes temas do Evangelho de Felipe, 22
   Relação sagrada, concepção e nascimento, 30
   O sopro que une – O beijo de Ieschua e Miryam, 40
   O quarto nupcial, Santo dos Santos, 42
Tradução do Evangelho de Felipe, 47
Referências, 99

Lista de abreviações

At   Atos dos Apóstolos (NT)
1Cor   Primeira Carta aos Coríntios (NT)
EA   Exegese sobre a alma
Ev Mr *Evangelho de Maria*
Ev Fp *Evangelho de Felipe*
Ev Tm *Evangelho de Tomé*
Is   Isaías (AT)
Jo   João (NT)
Jr   Jeremias (AT)
Mc   Marcos (NT)
Mt   Mateus (NT)
1Pd   Primeira Carta de São Pedro (NT)

Introdução
Jean-Yves Leloup

A invenção dos Evangelhos

Quando a Imperatriz Helena descobriu em Jerusalém a cruz que teria sido carregada por Jesus, falou-se de "Invenção da cruz", invenção no sentido de *in venire*, que significa "vir à luz". Deixar vir à luz o que já existe é, ao mesmo tempo, uma descoberta e um retorno.

Poderíamos falar hoje de "invenção dos Evangelhos", uma vez que vêm à luz Evangelhos que já existiam, mas estavam ocultos sob as areias, distantes da memória, como aconteceu no caso de Nag-Hammadi no Alto Egito, por volta do ano de 1945? Esta redescoberta de Evangelhos esquecidos poderia ser também uma "invenção do cristianismo"? Seria a ocasião para retornar às fontes de uma tradição supostamente conhecida, mas que desconhece demais, isto é, ignora muito de suas raízes?

Alguns verão aí um "retorno do que estava recalcado". Os textos sagrados ou denominados "inspirados" revelando o inconsciente coletivo de um povo ou de um grupo, e os Evangelhos deixados de lado, e hoje redescobertos, seriam as testemunhas da "parte reprimida do cristianismo"...

Tais Evangelhos são chamados "apócrifos", secretos, escondidos, ou, segundo a etimologia, do grego *apo*, "por baixo", sob as Escrituras.

Da mesma maneira que denominamos inconsciente, ou subconsciente, o que se encontra "por baixo" da consciência e que, de uma maneira secreta e oculta, dirige e manipula a assim chamada "consciência", poderíamos também falar de "Evangelhos inconscientes", cuja linguagem, ademais, está mais próxima da linguagem dos sonhos e devaneios que da linguagem da história e da razão, utilizada pelos Evangelhos chamados "canônicos". Estes últimos serão utilizados e úteis para a edificação das Igrejas que, de certa forma, se apropriaram do terreno, originariamente sem muralhas, do cristianismo.

Nossa intenção não será privilegiar ou colocar em oposição os Evangelhos ditos "canônicos" aos Evangelhos ditos "apócrifos", mas lê-los em conjunto: assim como se procura manter juntos o manifesto e o oculto, o permitido e o proibido, o consciente e o inconsciente.

Devemos lembrar que a lista oficial dos livros bíblicos na Igreja de Roma foi definida somente no século XVI, no Concílio de Trento, e que apenas no século VIII Ludovico Muratori descobriu em Milão um documento redigido em latim, que trazia a lista dos livros considerados úteis para a Igreja de Roma por volta do ano 180. Este documento é conhecido como "Cânon de Muratori": ele testemunha um consenso quanto aos livros que, a partir de então, deverão ser considerados "canônicos" (do grego, *kanon* que significa "régua", "vara de medição" e, a partir daí, "regra").

Os Evangelhos "canônicos", desse modo, são os Evangelhos conformes à regra; e os Evangelhos apócrifos, aqueles que não foram considerados em conformidade com esta regra. Esta regra, evidentemente, serve para estabelecer ou sustentar o poder daqueles que a erigem. Isto não aconteceu em um dia. Mesmo o cânon de Muratori informa sobre o uso romano de um "apocalipse de Pedro" que, em seguida, não permanecerá no cânon. Outros Evangelhos, como o Evangelho de Pedro, foram recebidos como canônicos por algumas Igrejas sírias até os inícios do século III...

Algumas pessoas talvez fiquem inquietas com essa falta de determinação do cristianismo das origens. A "vinda à luz" de tais escritos antigos nos relembra, pelo contrário, a liberdade e a riqueza. Se tornar-se adulto implica assumir a parte inconsciente que se impõe à maior parte de nossos atos conscientes, então acolher estes Evangelhos, e com eles a parte recalcada de nossa cultura, talvez seja uma ocasião para o cristianismo tornar-se adulto, para que ele integre, além de suas dimensões históricas, racionais – de certa forma "masculinas" –, também suas dimensões místicas, imaginárias ou imaginais (cf. *O Evangelho de Maria*): sua dimensão feminina, sempre virgem e fecunda... e aqui a personagem de Miryam de Mágdala, tantas vezes desprezada e profanada, retorna com toda sua dimensão arquetípica.

Esses Evangelhos foram descobertos por *fellahs* (camponeses árabes) a uns sessenta quilômetros ao norte de Luxor, na região de Nag-Hammadi situada à margem sul do Nilo, aos pés do Djebel-el-Tarif, na cercania da antiga Khenoboskion, exatamente onde viveram os primeiros monges de São Pacômio. Esta série de manuscritos deve ter sido enterrada lá, pelo século IV da nossa era. Assim, monges ortodoxos é que terão preservado da destruição textos considerados hoje como "suspeitos de heresia".

É preciso lembrar-se das crises teológicas e mais particularmente cristológicas que assolaram a cristandade daquela época. Talvez tenha sido para protegê-los da inquisição dos hierárquicos monofisistas que os monges enterraram estes textos tão preciosos... O monofisismo, com efeito, reconhece apenas uma natureza no Cristo: a natureza divina; para eles sua humanidade é apenas um instrumento passivo dominado pela divindade. A ortodoxia afirmará que Jesus Cristo é verdadeiramente Deus e verdadeiramente homem, e homem inteiramente, ou seja, com um corpo sexuado, uma alma e um espírito autônomos (*soma, psiqué, noùs*), sendo isso testemunhado por sua intimidade com Miryam de Mágdala[1].

Pode ter acontecido que estes textos se encontrassem ameaçados não apenas pela ortodoxia, como geralmente se diz, mas talvez também pelos monofisistas, chocados por verem certos detalhes lembrar, de forma tão explícita, o realismo da encarnação do Verbo? O corpo que falava era também um corpo que amava, e amava não de maneira platônica ou grega, mas com toda a presença sensual e psíquica do humano "bíblico".

O Evangelho de Felipe

Os livros contidos no Códice de Nag-Hammadi são, em sua maioria, traduções de originais gregos em língua copta. O Evangelho de Felipe pertence ao Códice II. Esse manuscrito é o mais volumoso da biblioteca do Khenoboskion, ele mede entre 28,3 e 28,4cm de altura e entre 15,5

---

1. Cf. Jean-Yves Leloup. *O Evangelho de Tomé/O Evangelho de Maria*. Petrópolis, Vozes.

e 13,8cm de largura (para o papiro) e 22 por 12,5cm (para o texto); suas páginas, em número de cento e cinquenta, possuem de trinta e três a trinta e sete linhas, enquanto as dos outros textos contam apenas vinte e seis. Este Códice contém uma versão do Apócrifo de João, o Evangelho de Tomé, a Hipóstase dos Arcontes, um Escrito anônimo, a Exegese sobre a alma e o Livro do atleta Tomé.

O Evangelho de Felipe está inserido entre o Evangelho de Tomé e a Hipóstase dos Arcontes. Uma edição fotográfica de todo o Códice foi realizada por Pahor Labib[2]. O Evangelho de Felipe ocupa as pranchas 99 a 134. Uma primeira tradução dele foi feita por H.M. Schenke[3], que foi quem dividiu o Evangelho de Felipe em cento e vinte e sete sentenças. Embora esta classificação seja discutível (E. Segelberg, R.M. Grant, J.E. Ménard), ela nos pareceu útil para esta edição; ela transforma o Evangelho de Felipe numa espécie de florilégio de palavras, não menos enigmáticas do que as do Evangelho de Tomé, mas mais desenvolvidas por serem, com certeza, mais tardias. Diversas traduções desse Evangelho foram propostas em inglês e alemão (R.McL. Wilson, R.-C.J. de Catanzaro, W.-C. Till). Pelo que sabemos, em francês existe apenas a tradução de nosso colega da Universidade de Estrasburgo, o Professor Jacques Ménard[4].

---

2. Cf. *Coptic Gnostic Papyri in the Coptic Museum at Old Cairo*. Vol. I. Le Caire, 1956.
3. H.M. Schenke. *Koptisch-gnostische Schriften aud den Papyrus Codies von Nag Hammadi* (Theologische Forschung. 20). Hambourg, Bergstadt, 1960, p. 33-65, 81-82.
4. Jacques Ménard. *L'Évangile de Philippe*. Paris, Éd. Cariscrip, 1988. Apesar de nossa tradução e nossa interpretação distanciarem-se totalmente das suas, temos uma dívida considerável com relação ao conjunto de seus trabalhos.

Quanto à datação deste Evangelho, as opiniões se dividem. S. Giversen, J. Leipoldt datam-no do início do século IV, alguns anos, portanto, antes de seu desaparecimento, o que parece pouco provável, considerando que os fragmentos citados deste texto estão em escritos anteriores ao século III; nós preferimos acompanhar a autoridade de H.Ch. Puech, que o data no ano 250. Se, como pensa a maioria dos pesquisadores, o texto copta é a tradução de um original grego, teríamos que situar o original por volta de 150... Encontramo-nos, com o Evangelho de Felipe, diante do mesmo problema que com o Evangelho de Tomé: trata-se de uma compilação ou de um florilégio de textos e de sentenças, nada nos permite datar *todos* os *logia* na mesma época. É preciso aceitar que, ao sabor evangélico de algumas sentenças, somam-se outras palavras, indubitavelmente posteriores, com ressonância nitidamente mais "gnóstica"; isso não diminui em nada o valor dos textos, pois a "anterioridade" não é prova de autenticidade ou certificado de ortodoxia. Como todos os textos considerados "inspirados", o Evangelho de Felipe testemunha diversas influências, em que a cultura e as crenças de um determinado tempo se misturam às fontes supostamente perenes da inspiração.

Para a apresentação deste Evangelho, adotamos como o Professor Jacques Ménard a disposição do Códice II e da edição fotográfica do Dr. Pahor Labib. A primeira paginação é a do Códice e a segunda a das pranchas fotográficas. Com relação à tradução, a numeração seguida é a de H.M. Schenke. Para a organização deste texto pareceu-nos útil numerar as linhas a fim de facilitar e precisar as referências.

Ainda nos falta mencionar as dificuldades de uma tradução para o francês destes textos geralmente sibilinos. O Professor Ménard quase perdeu a cabeça e a saúde nisso. Nós, em geral, adotamos uma tradução e uma interpretação diferentes das suas, tendo tido sempre a preocupação de encontrar um sentido a esses *logia*, mesmo distanciando-nos, para isso, da literalidade que pressupõe a filologia. A um arqueólogo se pedirá que faça o inventário dos pedaços do vaso quebrado; para um hermeneuta é importante imaginar ou até mesmo restituir o uso desse vaso.

Já foram realizadas algumas recensões mais ou menos sérias desse *puzzle* de palavras, mas quem ousaria, hoje em dia, depois de ter-se sujeitado às reduções arqueológicas e filológicas, explicitar o seu sentido, a fim de descobrir aí uma fonte de inspiração para nossos contemporâneos como elas o foram para os crentes dos primeiros séculos? O problema com esses textos que têm como título "Evangelho" é que não os ouvimos mais como Evangelhos, como "boas-novas", como "informações libertadoras" para os homens de todos os tempos, mas como documentos do passado reservados à curiosidade dos cientistas, cartas mortas onde, principalmente, não se deveria buscar uma língua e uma palavra vivas e vivificantes como toda a Escritura inspirada.

Relembramos com toda a honestidade bem como humildade que nossa tradução permanece uma "tentativa" de tradução e esperamos que no futuro pesquisadores competentes e pacientes possam debruçar-se sobre esses textos novamente.

Traduzir, foi-nos ensinado, é sempre interpretar; nisto está a "paixão" de um texto. Ele é "entregue" à nossa interpretação e é, ele mesmo, uma certa decodificação nunca isenta de subjetividade de um *Logos* ouvido ou apenas pensado. Continuamos sem saber o que Ieschua disse; sabe-se o que um certo número de ouvintes e testemunhas entenderam. É o que é ouvido e não o que é dito que se torna Escritura.

Felipe

Como os judeus no tempo da sua dispersão, também os cristãos judeus (ou judeus-cristãos), esforçaram-se para conservar suas tradições ameaçadas; eles colocaram-nas por escrito certificando-as às vezes pela autoridade daqueles que tinham sido os principais evangelizadores de Israel e de sua diáspora: Pedro, Tiago, João, Felipe...

A Antiguidade possui uma noção de propriedade literária totalmente diferente da nossa. Um autor que escrevesse sob o nome de um apóstolo rendia-lhe uma homenagem, sem o sentimento de tratar-se de algo falso. A pseudepigrafia, termo técnico para designar esse procedimento, era frequente; o Evangelho de Felipe é um pseudepígrafo como a maioria dos outros Evangelhos.

Por que esse conjunto de sentenças mais ou menos longas e misteriosas foi colocado sob o padroado de Felipe? O nome de Felipe em grego significa "aquele que gosta dos cavalos". Na Antiguidade, o cavalo costuma ser símbolo ao mesmo tempo de paternidade e de liberdade.

Nos Evangelhos canônicos, o nome de Felipe é citado em diversas ocasiões:

> No dia seguinte (ao batismo de Ieschua no Jordão), João Batista ainda estava lá com dois de seus discípulos. Vendo passar Ieschua, disse: "Eis o Cordeiro de Deus". André e João, ouviram-no e foram até Ieschua. Vendo que eles o

> seguiam, Ieschua voltou-se: "O que vocês estão procurando?", perguntou-lhes. Eles responderam: "Mestre, onde moras?" Disse-lhes ele: "Vinde e vede". Eles foram ver onde morava, e ficaram com ele.
> No dia seguinte, Ieschua quis ir à Galileia. Encontrou Felipe e disse-lhe: "Segue-me". Felipe era de Betsaida, a vila de André e de Pedro.
> Encontrando-se com Natanael, Felipe lhe disse: "Aquele de quem Moisés escreveu na Lei e nos profetas, nós o achamos: é Ieschua, filho de José, de Nazaré". Natanael lhe respondeu: "De Nazaré pode vir algo de bom?" Felipe lhe disse: "Vem e vê"[5].

Felipe, discípulo de João Batista, também foi o terceiro chamado por Ieschua e revelou-se bem cedo um apóstolo. Ele retomou as palavras de Ieschua dirigidas a André e João; vir, partir e ver: olhar, contemplar, descobrir.

Felipe aparece em seguida nomeado na lista dos doze apóstolos chamados por Ieschua. É citado em quinto lugar, após João, segundo Mateus (10,3) e Lucas (6,14), após André segundo Marcos (3,18). Nos Atos dos Apóstolos, na escolha do sucessor de Judas Iscariotes, Felipe é citado em quinto lugar antes de Tomé, entre os onze. Ieschua parece "experimentar" sua fé antes de "acolhê-lo":

> Por ocasião da multiplicação dos pães, "Levantando os olhos e vendo a grande multidão que vinha ter com ele, Ieschua disse a Felipe: 'Onde compraremos pão para que toda essa gente possa comer?' Ele dizia isso para experimentá-lo, pois sabia muito bem o que iria

---

5. Jo 1,35-59; 43-46.

fazer. Felipe (um homem ponderado) respondeu-lhe: 'Duzentas moedas de prata não comprariam pão suficiente para dar um pedaço a cada um'"[6].

Pouco antes da Paixão, Ieschua já tinha subido a Jerusalém, sempre, segundo João, visivelmente ligado a Felipe:

> Entre os que tinham subido para adorar durante a festa, havia alguns gregos. Aproximando-se de Felipe (seu nome grego lhes facilitava o contato) de Betsaida na Galileia, rogaram-lhe: "Senhor, queremos ver Ieschua". Felipe foi e falou com André; depois, André e Felipe vieram juntos dizer a Ieschua. Ieschua respondeu-lhes: "Chegou a hora em que o Filho do Homem será glorificado!"[7]

Enfim, durante a conversa de Ieschua com seu amigos após a refeição pascal, Felipe continua presente:

> "Se vocês me conhecessem, conheceriam também meu Pai. Desde agora o conhecem e o têm visto!' Felipe lhe disse: "Senhor, mostra-nos o Pai e isso nos basta". Ieschua lhe respondeu: "Há tanto tempo estou com vocês e tu não me conheces, Felipe! Quem me viu, viu o Pai. Como podes dizer: Mostra-nos o Pai? Não sabes que estou no Pai e o Pai está em mim? [...] Creiam em mim: eu estou no Pai, o Pai está em mim"[8].

---

6. Jo 6,5-7.
7. Jo 12,20-23.
8. Jo 14,7-11.

Felipe é chamado a contemplar, como Tomé, "Aquele que está diante de seus olhos", a descobrir seu Mestre e, através dele, todo ser humano como Templo do Espírito, morada do Pai. O rio não pode existir sem a Fonte; é mergulhando no rio que se pode conhecer a Fonte. A Deus "ninguém jamais viu", e, contudo, tudo que existe dá testemunho de sua existência. À Fonte da vida ninguém jamais contemplou, e, contudo, o mais pequeno ato de amor e de criação testemunham sua presença. É vivendo que se descobre a vida. É o Filho em nós que conhece o Pai; o Pai de Ieschua e nosso Pai. Felipe, como João, é convidado a tornar-se um evangelista ou mensageiro da encarnação.

O nome de Felipe também se encontra nos Atos dos Apóstolos. Se o Mestre o fez descobrir a presença do Princípio (o Pai) em sua plena manifestação (o Filho), ele ainda terá que compreender por si mesmo, examinando atentamente as Escrituras, que Ieschua é o Messias esperado; é o que ele ensina ao etíope com quem se encontra em seu caminho:

> Um anjo do senhor falou a Felipe: "Levanta-te e vai para o sul pelo caminho que leva de Jerusalém a Gaza através do deserto". Felipe levantou-se e partiu. Ora, um eunuco etíope, ministro e intendente dos tesouros da Rainha Candace da Etiópia, tinha vindo a Jerusalém para prostrar-se na presença de YHWH.
> Ele voltava sentado em seu carro, lendo o Profeta Isaías.
> O Espírito disse a Felipe: "Avança e aproxima-se deste carro". Felipe aproximou-se e ouviu-o lendo o Profeta Isaías. Perguntou-lhe: "Compreendes o que lês?"

– "E como poderia – respondeu-lhe – sem que alguém me explique?" E pediu que Felipe sentasse ao seu lado.

Ora, a passagem da Escritura que ele lia era esta: *Como uma ovelha, foi levado ao matadouro; como um cordeiro mudo diante de quem o tosquia, ele não abriu a boca. Com humilhação foi consumado o seu julgamento. Quem falará de sua descendência? Pois sua vida foi arrancada da terra* (Is 53,7-8).

O eunuco disse a Felipe: "Por favor, de quem o profeta está falando desse modo? De si mesmo ou de outra pessoa?" Então, Felipe começou a falar e, partindo deste texto, anunciou-lhe Ieschua.

Seguindo o caminho, encontraram água e o eunuco disse, então: "Aqui temos água. O que me impede de ser batizado?" Felipe respondeu: "Se crês de todo teu coração, podes sê-lo". "Eu creio – disse ele – que Ieschua é o Filho de Deus". Mandando parar o carro, desceram ambos até a água e Felipe batizou o eunuco. Ao saírem da água, o Espírito do Senhor arrebatou Felipe diante dos olhos do eunuco, que prosseguiu seu caminho cheio de alegria. Quanto a Felipe, encontrou-se em Azot. De lá, foi em direção a Cesareia, evangelizando todas as localidades por onde passava[9].

Aqui, Felipe aparece como o hermeneuta das Escrituras e aquele que batiza; são traços que também se encontram em "seu" Evangelho. Podemos notar igualmente que a pessoa que ele evangeliza é um etíope, um funcio-

---

9. At 8,26-40.

nário real. Será por acaso que na Etiópia é que encontramos ainda hoje cruzes ricamente elaboradas, trazendo representados no centro o homem e a mulher estreitamente unidos? Ora, este é um dos temas importantes do Evangelho de Felipe: a relação do homem e da mulher, como lugar de revelação do Amor criador e salvador.

Felipe também é o apóstolo da Samaria; sua pregação é acompanhada de sinais e prodígios que rivalizam com os de Simão, o Mago.

> Assim, Felipe, tendo descido a uma vila da Samaria, estava anunciando Cristo. Ao ouvi-lo falar, e vê-lo realizar milagres, as multidões ficaram atentas às suas palavras. Os espíritos impuros saíam gritando de dentro de muitos possuídos, e muitos paralíticos e coxos ficaram curados, sendo grande a alegria em toda a cidade.
> Ora, já se encontrava ali um homem chamado Simão, que exercia a magia e encantava a população samaritana, fazendo-se passar por um grande personagem. Do menor ao maior, todos o admiravam. Diziam: "Este homem tem o poder de Deus, chamado o Grande". Eles eram tão ligados a ele porque se haviam entusiasmado com todas as suas magias.
> Mas quando eles creram em Felipe, que lhes anunciara o Reino de Deus e o nome de Jesus Cristo, todos foram batizados, homens e mulheres. O próprio Simão também acreditou e foi batizado. E não deixou mais Felipe, de tão admirado e entusiasmado que ficou com os milagres e os grandes prodígios que eram realizados[10].

---

10. At 8,5-13.

Nos textos chamados apócrifos, Felipe goza igualmente de uma grande reputação. A *Pistis Sophia* nos lembra que "Felipe é quem escreveu todos os discursos que Jesus pronunciou e tudo o que ele fez".

Segundo os historiadores, tudo o que podemos dizer é que Felipe teria evangelizado a Cícia e a Frígia, nos arredores do Mar Negro, e que teria sido martirizado ou crucificado em Hierópolis. Eusébio de Cesareia, em sua história eclesiástica (V, XXIV), cita uma carta de Polícrates, bispo de Éfeso, ao Papa Vítor (papa entre 189 e 198):

> É na Ásia que grandes astros repousam, que dormem o sono da morte, ao lado de seus pais. Eles se reerguerão no dia da vinda do Senhor, no dia em que Ele virá com glória celestial e acolherá todos os santos; Felipe, um dos doze enviados que dorme com seus pais em Hierópolis e duas de suas filhas.

Os grandes temas do Evangelho de Felipe

Qual o interesse há em traduzir e estudar os textos muitas vezes obscuros e ignorados das origens do cristianismo? Antes de tudo, há um interesse histórico: é uma questão de honestidade mínima buscar conhecer de onde viemos, quais são as nossas fontes, nossas referências.

Quais são as fontes, os textos fundantes das Igrejas, do cristianismo e de nossa civilização?[11] O cristianismo é uma religião, senão desconhecida, ao menos malconheci-

---

11. O interesse histórico para com nossas origens poderia ser um canteiro ecumênico apaixonante: ortodoxos, católicos romanos, protestantes poderiam unir suas competências diversas nessa empreitada comum.

da, sobretudo quanto às suas origens. O que conhecemos é a história das suas Igrejas, de suas grandes realizações, mas também de suas guerras ou cruzadas, algumas vezes de seus obscurantismos e suas inquisições.

O contato com nossas origens nos situa num espaço de liberdade, de não dogmatismo, de admiração diante do Acontecimento, que constituem a pessoa, os atos e as palavras do Mestre galileu; admiração e liberdade de interpretar sua pessoa, seus atos e suas palavras como fator de evolução, de transformação e de Despertar para todos e cada um dos que creem nele.

De um ponto de vista antropológico, esses Evangelhos nos lembram da importância do *noùs*, essa fina ponta da *psiqué* capaz de silêncio e de contemplação como no Evangelho de Maria; e nos lembram também a importância da imaginação.

Cornelius Castoriadis, em *Figures du pensable*[12], especifica que a imaginação é o que diferencia o ser humano dos outros animais que são, como se sabe, capazes de pensar, calcular e memorizar: "Os seres humanos se definem, antes de tudo, não pelo fato de serem racionais, mas pelo fato de serem dotados de imaginação". A imaginação se situa na base do que é humano: sociedades, instituições, normas políticas e morais, filosofia, obras estéticas e o que nos dizem hoje as ciências; tudo isso resulta dela.

Uma grande ideia é resultado deste reconhecimento da imaginação: os seres humanos e as sociedades podem mudar. Para Castoriadis, foi na Grécia Antiga que, pela primeira vez, os homens se deram conta da origem imaginária das grandes significações que estruturam a vida

---

12. Cornelius Castoriadis. *Figures du pensable*. Paris, Le Seuil, 1999.

social; desta descoberta brotaram a política, quer dizer, o questionamento a respeito das instituições existentes e de suas mudanças por meio de uma ação coletiva deliberada, e a filosofia, isto é, o questionamento das representações e das significações instituídas e suas mudanças pela atividade reflexiva do pensamento; faltava acrescentar a poesia e a espiritualidade, ou seja, o questionamento do real percebido apenas pelos sentidos e a razão, excluindo-se todo afeto ou intuição, dito de outro modo, o mundo objetivo indene do Sujeito que percebe ou mais exatamente interpreta e "narra" esse real. Não existe história humana ou cósmica senão a partir do momento em que um imaginário está lá para dizê-la e narrá-la.

Se este imaginário não for mantido em vida, então não há mais história para contar, as instituições se esclerosam e se dogmatizam, sua objetivação toma rumos de absoluto. Se o imaginário for estagnado ou cessado, então não haverá mais criação e, consequentemente, não serão mais possíveis a democracia, as ciências, a arte e a poesia. Se faltar aos seres humanos a imaginação, como poderão eles lidar com o que lhes acontece?

Desse modo, umas das funções desses textos inspirados é a de estimular a nossa imaginação ou, mais precisamente, nossa faculdade de interpretação, pois, como sabemos, se "o ser humano está condenado à liberdade", é porque ele está condenado a interpretar. Nada, nem no mundo nem nos livros, tem sentido *a priori*, é o ser humano que lhe dá um, e assim ele participa do ato criador.

Portanto, o Evangelho de Felipe será para nós uma ocasião de refletir, de imaginar, de meditar alguns aspectos às vezes esquecidos, às vezes ocultados do cristianismo. A estimulação hermenêutica deste texto recentemente descoberto poderia ser forte demais e provocar alguns delírios de interpretação; por isso, pareceu-nos sábio reconduzir os textos ao seu contexto e relacioná-los à tradição de onde eles saíram, ou seja, a tradição hebraica e a do cristianismo nascente. Esta leitura "ortodoxa" do texto se diferencia muito claramente das que foram propostas pelos principais comentadores do Evangelho de Felipe e, principalmente, de nosso colega, o Professor Jacques Ménard, que o interpreta apenas no interior do quadro estreito da literatura gnóstica, mais precisamente, do valentinismo. Evidentemente, não procuraremos negar essa influência gnóstica; a presente obra supõe, por suas inúmeras referências à língua siríaca, um tal ambiente – o ambiente siríaco sendo o local de origem do mandeísmo e do maniqueísmo.

Os temas propostos por esse "florilégio" ou esse "colar de pérolas", que é o Evangelho de Felipe, são numerosos. Cada *logion*, como cada pérola do colar, pode ser uma fonte de luz e exigiria um longo comentário. No contexto dessa obra precisamos nos limitar a algumas frases apenas, àquelas que forem mais particularmente importantes como fonte de interrogações, de reapresentação de questões sobre certo número de hábitos adquiridos.

A questão de Pedro no Evangelho de Maria é abordada novamente em alguns *logia* do Evangelho de Felipe:

> Será possível que o Mestre tenha conversado
> assim, com uma mulher,
> sobre segredos que nós mesmos ignoramos?
> Devemos mudar nossos hábitos;
> Escutarmos, todos, esta mulher?[13]

---

13. Cf. Jean-Yves Leloup. *O Evangelho de Maria*. Petrópolis, Vozes, 8ª edição, 2005, p. 37, 15-19.

Devemos mudar nossos hábitos no que se refere à concepção, ao nascimento, às relações entre homem e mulher? Devemos rever nossa imagem do Cristo, a realidade de sua humanidade, sua relação com as mulheres e, especialmente, com Miryam de Mágdala?

A sexualidade é um pecado, um processo natural ou um lugar de epifania do divino, o "Santo dos Santos"? Sobre diversos temas, nós daremos aqui um esboço de interpretação e de confronto com a tradição hebraica, mas não deveríamos esquecer os outros temas igualmente importantes e suscetíveis de estimular nossa reflexão. O *logion* 21, por exemplo:

> Aqueles que afirmam que o Senhor primeiro morreu e que depois ressuscitou se enganam, pois primeiro Ele ressuscitou, e em seguida morreu.
> Se alguém, antes de tudo, não ressuscita, não pode senão morrer.
> Se já ressuscitou vive como Deus é vivo[14].

Aqui somos lembrados de que a Ressurreição (*Anastasis*) não é uma reanimação, pois, como bem especifica o apóstolo Paulo em sua Epístola aos Coríntios:

> A carne e o sangue não podem herdar o Reino de Deus[15].

O Evangelho de Felipe, depois de Cristo, nos convida a despertarmos desta vida àquilo que em nós não morre, e que São João chama de Vida eterna. A Vida eterna não é a "vida após a morte", mas a dimensão de eternidade

---

14. *Ev Fp, logion* 21,1-5.
15. Cf. 1Cor 15,50.

que habita nossa vida mortal, e à qual precisamos despertar como Cristo antes de morrer.

Além disso, o Apóstolo Paulo define bem que não é nosso corpo biopsíquico que ressuscita, mas, sim, nosso corpo espiritual "pneumático"[16].

O que é esse corpo chamado "espiritual"? Ele não vai sendo tecido já nesta vida, através de nossos atos de generosidade e doação? Pois a única coisa que a morte não pode nos levar é o que tivermos dado. O Evangelho de Felipe insiste nesse poder do dom, esta capacidade de oferta, que o *soter* (Salvador) vem liberar em nós, pois é "esse corpo feito oferenda" que é nosso corpo glorioso, nosso ser ressuscitado.

> Não foi apenas no momento de sua manifestação que Ele ofertou sua vida,
> mas desde o começo do mundo sua vida é oferecida.
> Na hora de sua vontade
> Ele veio para libertar esta oferenda mantida cativa.
> Ela estava fechada por aqueles que se apropriam da vida.
> Ele revelou os poderes do Dom
> E desencadeou a bondade no coração dos malvados[17].

Nós encontramos aí, como nos demais Evangelhos, essa metafísica do Dom ou do *agapé* que está no coração do Ser e que o Mestre desvela com suas palavras e por suas ações.

---

16. Cf. 1Cor 15, sobre o tipo de ressurreição.
17. *Ev Fp*, *logion* 9,5-11.

Outro tema importante do Evangelho de Felipe, que o aproxima do Evangelho de Tomé, é o da não dualidade. Alguns identificarão um sabor bem oriental nesse *logion*:

> Luz e trevas, vida e morte, direita e esquerda, são irmãos e irmãs.
> São inseparáveis.
> Por isso, a bondade não é apenas boa, a violência violenta, a vida apenas vivificante. a morte apenas mortal...[18]

Palavras assim poderiam questionar muitas modalidades educacionais, bem como atitudes políticas em que é, sem dúvida, imprudente delimitarmos com muita precisão os territórios do bem e do mal: um não funciona sem o outro, como o dia não existe sem a noite; isto nos conduz também à parábola do joio e do trigo: arrancar um é destruir o outro[19].

É preciso saber aguardar o tempo da colheita, isto é, do discernimento. Nós gostaríamos muito de ser puros, perfeitos, sentirmo-nos como Deus, conhecendo o bem e o mal. Não é nisto que consiste o pecado original, a pretensão ou a inflação original, causa de todos os tipos de sofrimento, de julgamentos precoces, de exclusões? O próprio Cristo não foi crucificado por aqueles que se consideravam pessoas justas?

O Evangelho de Felipe nos faz lembrar de uma humildade que é libertadora. Aceitar que, às vezes, é em nome do Bem que se faz mais mal, em nome de Deus e

---

18. *Ibid.*, *logion* 10,1-5.
19. Cf. Mt 13,24-30.

de sua justiça que se cometem os crimes mais sangrentos e mais injustos, deveria nos libertar do fanatismo. Aceitar que todo ato, mesmo o melhor deles, sempre tem alguma consequência má. É com o mesmo pólen que a abelha faz o mel e a vespa seu veneno. Os santos e, infelizmente, os inquisidores se referem ao mesmo Evangelho.

Onde há palavras, há também males, nos lembra ainda o Evangelho de Felipe:

> As palavras que usamos para as realidades terrestres são causa de ilusão,
> elas desviam o coração daquilo que é Real para aquilo que não é Real.
> Aquele que ouve a palavra "Deus" não discerne o Real, mas uma ilusão ou uma imagem do Real.
> Igualmente acontece com as palavras Pai, Filho, Espírito Santo, Vida, Luz, Ressurreição, Igreja, todas essas palavras não expressam a Realidade; compreenderemos isso no dia em que fizermos a experiência do Real.
> Todas as palavras que ouvimos no mundo visam a nos confundir.
> Se elas estivessem no "Espaço Templo", permaneceriam em silêncio e não designariam mais as realidades mundanas,
> no "Espaço Templo" (*Eon*), elas se calam[20].

Este silêncio é o silêncio da teologia apofática e contemplativa que se desenvolverá nos séculos seguintes:

> De Deus é impossível dizer o que Ele é em si mesmo, e é mais exato falar dele através da negação de tudo. Ele não é, com efeito, nada

---

20. *Ev Fp*, *logion* 11,1-11.

daquilo que é. Não que Ele não seja de nenhuma maneira, mas porque Ele É acima de tudo o que é, para além do próprio ser[21].

Já São Justino (100-165) lembrava que os termos "Pai, Deus, Criador, Senhor... não são para ele nomes divinos: são apelativos tirados de suas ações e de suas obras" (*Apologie II*).

Se é conveniente calar-se, não deixa de ser necessário falar; novamente, o Evangelho de Felipe não se fecha no dualismo "ou isso, ou aquilo", mas define:

> A verdade se serve de palavras no mundo, porque sem essas palavras ela permaneceria totalmente desconhecida.
> A Verdade é una e múltipla, a fim de nos ensinar o Um inumerável do Amor[22].

Estamos no mundo, e este é um mundo de palavras e de mal-entendidos. Mesmo assim, precisamos tentar ser ouvidos, ao menos, se não nos fizermos compreender: é o que o Evangelho de Felipe nos propõe ao abordar assuntos que foram, sem dúvida, em sua época, temas sujeitos a interpretações divergentes, e como tais permanecem ainda hoje.

Relação sagrada, concepção e nascimento

Sem consciência e sem confiança na relação não existe nada de "sagrado", há apenas descarga, realização e bem-estar biológico, há reprodução possível, mas não ge-

---

21. Cf. São João Damasceno, 749. *De la foi orthodoxe*, I, 4.
22. *Ev Fp*, *logion* 12,7-10.

ração ou concepção. Este tema do Evangelho de Felipe, que tem suas raízes na tradição hebraica, é particularmente bem explicitado, em seguida, na Kabala.

> Na literatura cabalista se coloca em relevo uma conexão essencial entre a maneira de se reproduzir para uma sociedade e seu destino último. Nisso o corpo e o espírito jogam a mesma partida pelo fato de que é na matéria dos corpos gerados que se supõe fixar-se a "luz resplandecente" da divindade, graças ao movimento do pensamento dos pais no momento de sua relação. Como se este pensamento sozinho tivesse o poder de fazer o divino se encarnar – arrisquemos um termo rico de sentidos ocultos – dentro dos corpos procriados e de perpetuar assim um laço genealógico de um teor totalmente excepcional[23].

O Evangelho de Felipe distingue nascimento e concepção. Existem crianças bem-nascidas e malconcebidas; a concepção está relacionada com o imaginário e o desejo, encontro de duas pessoas e não apenas de dois apetites, razão por que, segundo o *logion* 112,

> É com aquele que a mulher ama que as crianças se parecem.
> Quando é seu marido, elas se parecem com seu marido,
> quando é um amante, elas se parecem com seu amante.

---

23. Cf. *Lettre sur la sainteté. Le secret de la relation entre l'homme e la femme dans la cabale*. Étude Préliminaire, traduction de l'hebreu et commentaires par Charles Mopsik. Paris, Éd. Verdier, 1986, p. 16-17.

Pode-se "fazer filhos" sem os ter concebido (por acaso, por impulso), e pode-se concebê-los de diferentes maneiras. Há concepções problemáticas ou impuras (isto é, motivadas por essa ou aquela intenção egoísta), há concepções imaculadas cuja intenção é pura (gratuidade, expressão da generosidade criadora, a criança é desejada por si mesma).

> Também existe um papel determinante do uso do desejo, da imaginação e dos pensamentos dos pais quanto à pertença de seu futuro filho nos registros de interioridade ou de exterioridade no "povo santo". A relação íntima funda uma genealogia íntima que depende finalmente da intenção e do desejo, mais do que das indicações históricas ou jurídicas[24].
> Todos aqueles que são gerados no mundo, são gerados por vias físicas, os outros o são por vias espirituais[25].

É impossível não ficarmos admirados mais uma vez com as possíveis ressonâncias entre este Evangelho e a tradição judaica ulterior. A relação sexual é passível de um segredo que questiona todo um conjunto de problemáticas relacionadas à nossa pertença ou nossa não-pertença a um "povo santo", ou a um Reino de Deus, que nada tem a ver com nosso nascimento nesta ou naquela família ou etnia determinada, mas que depende da qualidade de nossa concepção, e é esta qualidade de consciência e de confiança na relação que nos torna filhos do leito nupcial, ícones da Aliança.

---

24. *Ibid.*, p. 15-16.
25. *Ev Fp*, *logion* 30,1-3.

A *Lettre sur la sainteté* atribuída a Nahmanide[26] no século XIII retoma esse tema.

> A *Lettre sur la sainteté (Igueret ha qodech)* é apenas um dos inúmeros títulos pelos quais esta obra foi denominada. É a mais conhecida, com certeza, mas a mais evocativa delas, certamente, é: *Le secret de la relation sexuelle*, que indica bem o assunto de que trata, mas seu objetivo principal é introduzir a santidade – a vida divina – no coração da relação íntima dos casais. E isto não visa outra coisa senão uma questão muito crucial: a reprodução de Israel entendido como "Povo santo", conforme a expressão bíblica. Como dar à luz crianças do povo santo – judeus nativos da comunidade de Israel, questão cuja resposta não pode ser simplista e nem deve perder-se nas brumas de um formalismo jurídico que definiria as filiações: é judeu que é filho de... ou pior ainda, em teorias etnogenéticas que diriam: é judeu aquele cujos ancestrais são... Sabe-se mais ou menos como chegar à santidade, dispõe-se para isso de todo um arsenal de regras e de disciplinas. Mas nascer santo, ser membro do povo de Israel por nascimento, implica, aos olhos da *Lettre sur la sainteté*, uma atitude particular dos pais no momento sutil em que o embrião é determinado: a relação sexual. Nada relacionado com a outorga de caráter hereditário. Nada, tampouco, no nível da inscrição da criança na ordem do social por sua marca jurídico-religiosa. Nada no nível educacional. Todo o peso da

---

26. Rabbi Moïse ben Nahman, talmudista e cabalista de Gerona, Espanha (1194-1270).

"santa" filiação recai sobre um ato voluntário e consciente, sobre a meditação espiritual dos pais, com algumas precauções higiênicas, no momento em que eles se unem intimamente. Contudo, fica claro, esta íntima transmissão da judeidade é absolutamente refratária a todo controle de identidade. Nenhum tribunal humano pode legiferar sobre "intenções" místicas. Dessa forma se elabora um ser Israel que escapa das discussões e nas marcações científicas. E, consequentemente, ser judeu – este simples fato – integra o domínio do segredo: o segredo do judeu é o da sua concepção, não o de seu nascimento[27].

Na *Lettre sur la sainteté*, a relação sexual é tratada, não de um ponto de vista medicinal ou moral que provoque discursos justificativos ou repressivos, mas como um segredo que o assemelha ao mundo divino e lhe confere o estatuto de um ato teofânico, exatamente como no Evangelho de Felipe. Medimos mal, sem dúvida, as consequências, não apenas para a história da teologia, mas também para os comportamentos sociais que se inspiram nos textos considerados sagrados, da rejeição de alguns desses.

Charles Mopsik, a esse respeito, é particularmente explícito:

> A ideia de Deus imposta pelas religiões monoteístas aos homens parece ter excluído toda referência à sexualidade como fator de aproximação ou de experiência do divino. Além disso, a concepção de um Deus único sob a forma

---

27. Cf. Charles Mopsik, *op. cit.*, p. 14-15.

de um Pai todo-poderoso e sem parceira feminina constitui a base comum do discurso teológico ordinário, que nesse ponto influenciou as filosofias ocidentais e as metafísicas por elas elaboradas. Esses espaços mentais e essas representações tiveram todo tipo de consequência na história da civilização cristã e islâmica, bem como no judaísmo; elas impregnaram de tal modo os espíritos que ninguém se dá conta de que elas são o fruto de uma ideologia religiosa particular cujos princípios não são óbvios. O estado de incapacidade no qual o ser humano se encontra hoje, seja crente ou descrente, de desapegar-se dessas estruturas, é resultado, entre outras coisas, do fato de que os sistemas religiosos e filosóficos proclamaram sua concepção do Deus assexuado ou unissexual como sendo a única razoável e rejeitaram todas as outras categorias da mitologia. Pretendendo-se os únicos herdeiros da religião bíblica, os juristas e os teólogos das três religiões monoteístas consideram um perigoso desvio qualquer outra concepção do divino[28].

Contudo, nas origens do cristianismo, no interior das comunidades judaicas de onde se originou, fazia-se ouvir uma outra voz:

> O mistério que une dois seres é grande, sem esta aliança o mundo não existiria[29].

Aqui o Evangelho de Felipe ecoa a tradição bíblica mas também a filosofia ocidental:

---

28. *Ibid.*, p. 7.
29. *Ev Fp*, *logion* 60,2-3.

> No princípio YHWH criou o Humano à sua imagem,
> homem e mulher Ele os criou.

O que é à imagem de Deus, não é nem o homem, nem a mulher, é a relação deles.

> A união do homem e da mulher, com efeito, é um parto e há nesse ato alguma coisa de divino[30].

Esta referência a Platão pode causar admiração, pois estamos mais acostumados às citações que exprimem a desconfiança com relação às "obras da carne"; notemos, também, que a leitura dos versículos do Gênesis deu origem a interpretações variadas.

Alguns viram aí uma referência à natureza andrógina do ser humano "ao mesmo tempo macho e fêmea" que seria sua natureza primordial e é desta unidade perdida que ele teria saudades. O amor seria a busca desvairada da metade que nos falta. Na mitologia e no pensamento gregos, a separação do homem e da mulher é considerada uma punição. Na mitologia e no pensamento hebraicos, esta mesma separação é considerada uma bênção, um ato bom do Criador (afinal, "Ele viu que não era bom o homem estar só"). Esta diferenciação é até ocasião de "conhecer" a Fonte criadora de tudo o que vive e respira.

O objetivo de uma relação não é apenas recuperar a metade que nos falta e chegar assim à individuação ou à nossa natureza andrógina. A metade que procura sua outra metade não faz mais que amar a si mesma; não

---

30. *Le Banquet*. Tradução de Léon Robin, 206.

há acesso à alteridade, mas uma espécie de diferenciação interna, considerada inoportuna e dolorosa.

Na tradição hebraica, como no Evangelho de Felipe, o Amor é antes a busca de um "inteiro", por um outro "inteiro", que não nasce da falta (não é filho de *penia*) mas de um transbordar rumo ao outro (filho de *pléroma*).

O ser humano nasce macho ou fêmea, devendo ainda tornar-se um homem e uma mulher, isto é, uma pessoa, um sujeito, capaz de encontrar-se com uma outra pessoa, um outro sujeito num amor isento da necessidade e da demanda, de que o abraço consciente e confiante é um eco.

Poderíamos simbolizar os dois processos da seguinte maneira:

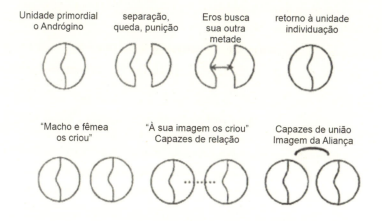

Alguns autores da tradição hebraica entendem que este encontro de dois seres diferenciados sexualmente mas que partilham de uma mesma alma ou um mesmo sopro remonta a antes mesmo do nascimento, uma maneira metafísica de acentuar o fato de que fomos criados para formar casais e que é realizando isto que se epifaniza a Presença (a *Chekhina*) de YHWH.

Em seu livro sobre "o segredo de que Betsabeia se destinava a Davi desde os seis dias da criação" o Rabbi Joseph Gikatila escreve:

> E saiba e acredite que no começo da criação do homem a partir de uma gota de semente, este possui três vínculos: seu pai, sua mãe e o Santo, Bendito seja. Seu pai e sua mãe para confeccionar a forma do corpo e o Santo, Bendito seja, para confeccionar a forma da alma. E quando um macho é criado, necessariamente é criada sua parceira feminina ao mesmo tempo que ele, porque do alto nunca será feita uma meia-forma, mas sempre uma forma inteira[31].

O Rabbi Todros Aboulafia (1222-1298) dizia a mesma coisa:

> Saiba que há uma tradição entre nós, segundo a qual o primeiro ser humano tinha duas formas (*partsoufim*), como o afirma R. Jérémie [...] e saiba que todas as partes da verdadeira tradição (*qabala*), em seu conjunto e em seus detalhes, baseiam-se todas sobre o mesmo fundamento e giram em torno desse mesmo ponto; trata-se de um segredo profundo do qual dependem as montanhas [...] da opinião dos iniciados na verdade cuja tradição é verdade e cujo ensinamento (*Torá*) é verdade; os dois versículos não se contradizem, o versículo *macho e fêmea os criou* (Gn 1,27) e o versículo *à imagem*

---

[31]. R. Joseph Gikatila. *Le Secret du mariage de David et Bethsabée*. Éd de l'Éclat, 1994, p. 45-46.

de Deus os criou (*ibid.*), estão unidos; aquele que conhece o segredo da imagem, da qual se diz *à nossa imagem e à nossa semelhança* (Gn 1,26), compreenderá [...], eu não posso explicar por que não foi permitido colocar a coisa por escrito, mesmo alusivamente e ela só é transmitida aos homens pudicos de boca a boca, de fiel a fiel e se transmite apenas os títulos dos capítulos e algumas generalidades, "pois os detalhes se contam sozinhos". Estas últimas palavras são tomadas da fórmula de Haguira Ilb sobre as condições que regulam a transmissão dos segredos do *Maassé Mercaba* (*A obra do Char*), e nos interessam muito, na medida que nos indicam claramente que a dualidade masculino/feminino é o fundamento da concepção dos cabalistas com relação ao Char divino. Ademais, considera-se que a cabala em seu conjunto repousa sobre o segredo desta díade. A diferença sexual marca, portanto, na alma do ser humano, "a imagem" segundo a qual ele foi criado, bem como o mundo divino que é seu modelo[32].

Dessa forma, na tradição hebraica e no Evangelho de Felipe, a relação não é entendida como sendo útil para nossa realização, mas a relação em si já é nossa própria realização e revelação de um Terceiro Elemento: o Amor entre o Amante e a Amada. Fonte tanto de diferenciação quanto de união, o "Terceiro" será chamado na tradição bíblica Deus, na tradição evangélica o *Pneuma* ou Espírito Santo, o Sopro que une dois seres.

---

32. *Lettre sur la sainteté, op. cit.*, p. 27.

Este tema da união dos espíritos será particularmente importante no Evangelho de Felipe.

Sopro que une – O beijo de Ieschua e Miryam

> O Mestre amava Miryam mais que a todos os discípulos e beijava-a frequentemente na boca[33].

Este *logion* do Evangelho de Felipe já citado em nosso Evangelho de Maria suscitou inúmeras reações lembrando-nos de que, embora seja fácil representar-se Ieschua com um jovem sobre seu peito (tais representações não deixam de incidir no comportamento dos clérigos), é praticamente inimaginável representá-lo numa atitude de intimidade com uma mulher, como se o contato com uma mulher alterasse a perfeição de sua humanidade e de sua divindade, quando se trata do contrário. Será preciso repetir novamente o adágio dos Padres: "Só é salvo o que é assumido", tudo que não é aceito não é transformado?[34]

Jesus Cristo era verdadeiramente homem, "homem inteiro", segundo as palavras do Papa Leão Magno: "*Totus in suis, totus in nostris*", ou não era?

O dogma de Calcedônia o afirma: "O Cristo é, ao mesmo tempo, perfeito (*totus*) em sua divindade e perfeito (*totus*) em sua humanidade". Transformá-lo num eunuco ou num enfermo seria uma blasfêmia. Por que, então, tanto problema?

---

33. *Ev Fp*, logion 55,3-4.
34. Cf. Jean-Yves Leloup. *O Evangelho de Maria, op. cit.*, p. 14.

Seria necessário um estudo sério sobre esse assunto. Os Evangelhos descobertos recentemente em Nag-Hammadi nos convidam a fazê-lo. Isso evitaria que vivêssemos de maneira degradável, infeliz ou culpável, aquilo que nos foi dado, se acreditamos nos textos bíblicos, como meio de conhecimento e de participação na Santidade do próprio Deus. Como é que Santo Odilon de Cluny pode dizer:

> A graça feminina não é mais que sangue, capricho, fel [...] e nós, que repugnamos tocar sequer com a ponta dos dedos o vômito e o esterco, como podemos desejar apertar em nossos braços o próprio saco de esterco.

Tinha-se que canonizar tanto ódio e desprezo?

Já no Evangelho de Felipe Jesus pode, sem desgosto e com amor, beijar Miryam "sobre a boca". Mais uma vez, o sentido desse beijo não se compreende se não for situado em seu contexto, que é o do judaísmo de sua época (mais que o da gnose).

> Você deve saber também o que ensinaram os antigos – bendita seja a memória deles. Por que o beijo é dado sobre a boca, mais do que em outro lugar? Todo amor e dileção que se pretendem sólidos se expressam pelo beijo na boca, pois a boca é a origem e a saída do sopro, e quando um beijo é dado na boca, um sopro se une a outro sopro. Quando ocorre a relação sopro a sopro, então cada sopro se funde com o outro, e juntos eles se unem, e disso resulta que os dois sopros se tornam quatro, e este é o segredo dos quatro. Se assim ocorre, o mesmo valerá com maior razão para os sopros interiores (os *sefirot*) que são a essência de tudo, não

devendo, portanto, admirarmo-nos que eles sejam tão intricados um no outro, já que manifestam a dileção e o desejo perfeito[35].

Também deveríamos mencionar o beijo do Cântico dos Cânticos bem como o que Deus dá em Moisés no momento em que recolhe seu hálito: beijar, *nashak*, em hebraico, quer dizer "respirar junto", "partilhar o mesmo fôlego". Como Ieschua e Miryam não partilhariam do mesmo Sopro, nem se deixariam conduzir, "envolver" pelo mesmo Espírito? (*Ruah*, em hebraico, *Pneuma*, em grego, *Spiritus*, em latim, literalmente o Sopro, o hálito de vida.)

Charles Mopsik menciona o fato de que a união de beijos não implica necessariamente uma relação de ordem sexual, embora ela a prepare, pois é nessa união que se revela o oculto e por ela somos conduzidos ao quarto nupcial que, para o Evangelho de Felipe, como para a tradição hebraica antiga, é o "Santo dos Santos".

O quarto nupcial, Santo dos Santos

> O quarto nupcial é o Santo dos Santos...
> A confiança e a consciência no abraço são elevados acima de tudo.
> Aqueles que verdadeiramente oram em Jerusalém, tu os encontrarás somente no Santo dos Santos
> [...] no quarto nupcial"[36].

---

35. *Pirouch Esser sefirot belima*. Éd. Scholem, Kabez al Yad, 8, 1976, p. 372.
36. *Ev Fp, logion* 76,1-18.

Aqui também, como não colocar este *logion* do Evangelho de Felipe em relação com a *Lettre sur la sainteté*, de Nahmanide que é como a sua explicitação:

> A relação (sexual) é uma realidade de grande elevação, quando é conforme ao que convém. Esse grande segredo é o segredo dos querubins que estavam unidos um ao outro como um macho e uma fêmea. E se houvesse nisso alguma coisa de ignóbil, o Senhor do mundo não teria ordenado que fossem feitos nem os teria colocado no mais santo e mais puro de todos os lugares, situado sobre uma fundação tão profunda. Olha esse segredo e não o revela a ninguém, exceto a quem for digno dele, pois aí percebes o segredo da elevação de uma relação (sexual) apropriada. [...]
> Se tu compreenderes o segredo dos querubins e o fato de a voz (divina) ter-se feito ouvir (do meio deles), tu conhecerás aquilo que nossos sábios, de bendita memória, declararam: Quando um homem se une à sua mulher em santidade, a *Chekinah* está presente entre eles[37].

Se assim é, se a relação do homem e da mulher é o Santo dos Santos, o lugar onde se manifesta sua Presença (*Chekinah, Sophia*), onde se comunica seu Sopro (*Ruah, Pneuma*), como o Papa Inocêncio III (morto em 1216), podia dizer: "O ato sexual é, em si, tão odioso que é intrinsecamente mau" e um de seus teólogos: "O Espírito Santo se retira espontaneamente do quarto dos esposos durante o ato sexual, mesmo que o objetivo seja apenas a procriação"?

---

37. Cf. *Lettre sur la sainteté, op. cit.*, p. 231-232.

O que diz o Evangelho de Felipe e a tradição judaica é exatamente o contrário. O quarto nupcial abandonado pelo Espírito Santo só pode dar origem a "homens animalescos" e não a seres habilitados ao conhecimento e à adoração. O lugar de santificação se torna um lugar de aviltamento, o prelúdio do paraíso é reduzido a primícias do inferno.

R. Isaac d'Acco, em seu *Meïrat Enayim*, propõe uma parábola:

> Uma criança recém-nascida abandonada a si mesma numa floresta não tinha para comer senão ervas e água. Ela cresceu, e aconteceu o seguinte: dirigindo-se a um povoado, ela viu um homem copulando com uma mulher. E começou a escarnecê-los gritando: "O que está fazendo esse infeliz?" Disseram-lhe: "É graças a este ato que o mundo subsiste, você não sabia? Sem isso o mundo não existiria!" A criança exclamou: "E como é possível que a causa de um mundo tão bom, tão bonito e tão digno de louvor como este, esteja numa coisa tão nojenta e abjeta?" – "Contudo, essa é a verdade, trate de compreendê-la"[38].

Nahmanide dirá também: "Quando a relação visa ao Nome, não existe nada de santo e honesto superior a ela"; mas, é preciso "visar ao Nome". Tudo é puro para aquele que é puro, a pureza está nas intenções e na motivação que precede o ato: aqui reencontramos o que dizíamos acima sobre a transmissão da santidade que é algo mais do que a genealogia carnal.

---

38. *Ibid.*, p. 132.

Os antigos ligavam [seu] pensamento às regiões superiores e atraíam a luz suprema para baixo, a partir da qual as coisas superabundavam e pululavam segundo a força do pensamento. Este é o segredo do óleo de Elizeu bem como do punhado de farinha e da jarra de óleo de Elias. Uma vez que as coisas são assim, nossos mestres, de memória bendita, ensinaram que quando o homem se une à sua mulher estando seu pensamento ligado às regiões superiores, tal pensamento atrai a luz do alto para baixo, e esta vem estabelecer-se sobre a própria gota na qual ele se concentra e medita, como acontecera com a jarra de óleo. Esta gota se encontra assim unida para sempre à luz refulgente; é o segredo de *"Antes que te formasses no ventre (materno) eu te conheci* (Jr 1,5), porque a luz fulgurante já estava ligada à gota desse justo no momento da relação sexual (de seus pais), seguindo a ligação do pensamento relacionado a esta (gota), às regiões superiores, de onde ela atraiu a luz refulgente para baixo. Compreende isto a fundo. Tu conhecerás um grande segredo sobre o Deus de Abraão, o Deus de Isaac e o Deus de Jacó, um segredo de seu pensamento que não se separava, nem por uma hora, nem por um instante, da luz suprema; os patriarcas eram, portanto, como servos adquiridos para sempre por um senhor; por isso é que se diz: *Deus de Abraão, Deus de Isaac e Deus de Jacó*[39].

Há muitos outros textos da tradição judaica que nos permitem compreender melhor o Evangelho de Felipe.

---

39. *Ibid.*, 249-250.

Moché Idel da Universidade de Jerusalém faz a mesma abordagem:

> Parece que estes textos refletem uma percepção judaica do Templo preexistente; conforme o *midrach Tanhouma*, comentando a referência ao leito real no Cântico dos Cânticos (3,7), o comentador anônimo afirma que: "Seu leito é o Templo. A que o Templo se compara embaixo? Ao leito, que serve para frutificar e multiplicar. O mesmo é para o Templo: tudo o que se encontra nele frutifica e se multiplica". Temos o direito, portanto, de concluir que no judaísmo antigo existia uma percepção com conotação sexual do Santo dos Santos. Pouco depois da destruição do Templo, descobriremos no quarto nupcial um substituto à função deste último, enquanto lugar de residência da *Chekhina* (a Presença de Deus).

Todo o exercício (*mitsvah*) proposto pelo Mestre no Evangelho de Felipe consiste em introduzir em todos os nossos atos, inclusive naqueles da intimidade, consciência e amor, a fim de que este espaço-tempo (o mundo) se torne um Espaço-Templo, lugar onde se manifesta a Presença de YHWH, *aquele que É o Ser que ele É*, em toda clareza, inocência e Paz.

Numa obra futura, precisaremos escrutar cada um dos *logia* do Evangelho de Felipe e suas interpretações judaicas, gnósticas ou simplesmente evangélicas. Por hora, pareceu suficiente traduzir este texto envolvente e difícil, propor algumas leituras possíveis e introduzir as questões que ele levanta sem jamais pretender possuir a resposta, sem negar, contudo, minorando algumas sedes, a proximidade de uma Fonte capaz de estancá-las.

Tradução do Evangelho de Felipe

1   Um hebreu que transforma outro homem em hebreu
    é chamado de prosélito.
    Mas um prosélito nem sempre faz outros prosélitos.
    Os seres autênticos são o que são desde sempre,
    e o que eles geram é autêntico,
    é simplesmente tornar-se o que se é.

2   O escravo aspira a ser livre, pouco lhe importa a sorte do seu senhor.
    O Filho, este é filho, a herança do Pai lhe pertence.

3   Ser herdeiro dos mortos é morrer, ser herdeiro do que vive é viver.
    O Vivente nos faz nascer, e morrer é nossa herança.
    Os mortos não herdam, como poderiam herdar?
    Quem morreu, se herdasse do que vive não morreria.

4   Um ateu não pode morrer, pois nunca chegou a viver.
    Somente os que aderiram à verdade sabem o que é a vida.
    Eles podem temer a morte, pois eles vivem!

5   A Presença do Cristo gera o mundo novo,
    Ele coloca ordem e beleza em nosso meio,
    a morte se afasta.

6   Quando éramos hebreus, éramos órfãos,
    conhecíamos apenas nossa mãe,
    quando nos tornamos cristãos, descobrimos
    nossa mãe e nosso pai.

7   Quem semeia no inverno, colhe no verão,
    o inverno é este mundo, o verão, este mundo no
        Aberto.
    Sememos no mundo, a fim de ceifar no verão.
    Orar não é impedir o inverno, mas
        deixar vir o verão.
    O inverno não é um tempo de colheita, mas de
        plantio.

8   Sem sementes a terra não frutifica,
    nada fazer não é o Repouso e a Força do
        Shabbat.

9   O Cristo veio libertar e salvar a uns e a outros.
    Os estrangeiros, os tornou familiares,
    em suas diferenças eles manifestam
        a sua vontade.
    Não foi apenas no momento de sua
        manifestação
    Que ele ofertou sua vida,
    Mas desde o começo do mundo sua
        vida é ofertada.
    Na hora de sua vontade
    Ele veio para entregar esta oferenda cativa.
        Ela estava em poder daqueles que
            se apoderam da vida.

    Ele revelou as forças do Dom
e levou bondade ao coração dos malvados.

10   Luz e trevas, vida e morte, direita e
      esquerda,
são irmãos e irmãs. São inseparáveis.
É por isso que a bondade não é somente
    boa,
a violência somente violenta, a vida somente
    vivificante,
a morte somente mortal...

Tudo que está feito será desfeito
e voltará à sua Origem;
mas aqueles que despertaram para a Realidade
sem começo nem fim conhecem
    o incriado, o eterno.

11   Os termos que utilizamos para as realidades
      terrestres
provocam a ilusão,
desviam o coração daquilo que é Real
para aquilo que não é Real.
Quem ouve o termo "Deus" não percebe o Real
Mas uma ilusão ou uma imagem do Real.
Assim também as palavras Pai, Filho, Espírito Santo,
    Vida, Luz,
Ressurreição, Igreja, nenhuma dessas palavras
    expressa a Realidade;
Compreenderemos isso quando
tivermos experimentado o Real.
Todas as palavras que ouvimos no mundo

existem para nos confundir.
Se estivessem no Espaço-Templo, elas
   ficariam em silêncio
e não mais designariam realidades mundanas,
no Espaço-Templo (*Eon*) elas se calam.

12 Existe um nome que não se ouve
       no mundo,
    é o nome que o Pai dá ao Filho,
    ele está além de tudo, ele exprime o Pai.
    O Filho não estaria junto do Pai
    se o Pai não lhe desse seu nome.
    Aqueles que trazem em si esse nome
       não falam disso.
    Aqueles que não o trazem em si,
       nada sabem disso.
    A Verdade se serve de palavras no mundo
    porque sem essas palavras Ela permaneceria
       totalmente inacessível.
    A Verdade é una e múltipla
    a fim de nos ensinar o Um inumerável do Amor.

13 Grandes potências espirituais (*arkón*)
       quiseram
    enganar o homem porque elas viram
    bondade dentro dele.
    Elas tomaram o nome que designa a bondade
    e deram-no ao que não era bondade
    as palavras se tornaram enganosas
    elas ligam, agora, ao que é sem ser
       e sem bondade.

Elas alienam com simulacros e
   aparências,
transformam o homem livre num escravo.

14 Estas más potências não querem que
o homem seja salvo,
elas o fazem gostar de sacrifícios;
então ele oferece às potências animais,
aquilo que era vivente se torna morto, sua
   oferenda se torna morta.
Mas o *Anthropos* que se oferece a Deus pode
   até ser morto: ele vive.

15 Antes da vinda do Cristo não existia
   pão no mundo.
No paraíso havia muitas árvores
para alimentar os animais,
o homem se alimentava como um animal.
Não havia trigo
quando Cristo, o Homem realizado, veio;
Ele trouxe o pão do céu
a fim de que o homem conhecesse um alimento
   humano.

16 As grandes potências espirituais (*arkón*)
   pensavam
que era por seu poder e sua vontade
que elas faziam o que faziam,
mas é o Espírito Santo que agia secretamente
através delas segundo seu desejo.

A verdade está semeada por toda parte, ela existe
   desde o princípio,
alguns a veem no momento da semeadura,
poucos a veem também no momento da ceifa.

17   Alguns afirmam que Maria foi fecundada
        pela graça do Espírito Santo,
     mas não sabem o que dizem.
     Como poderia o Feminino fecundar o feminino?
     Maria é o silêncio virginal (*parthenos*)
     que nenhuma má potência macula
        ou distrai,
     ela permanece silêncio imaculado
     incompreensível aos hebreus, aos apóstolos
     e a todos que se dizem enviados.
     O Mestre não teria dito: "Meu Pai que está nos céus"
     se não tivesse sido gerado por uma outra Paternidade
     que não aquela que lhe vem de seu pai terreno.

18   O Mestre dizia aos discípulos:
     "[...] Entrem na casa do Pai
     mas nada levem para lá nem nada dela tragam".

19   Ieschua é um nome oculto, Cristo é um nome
        revelado.
     Ieschua não se traduz em língua alguma,
     seu nome será sempre Ieschua,
     Cristo pode ser traduzido *Messiah* em hebraico e
        siríaco,

Christos em grego,
cada um conforme sua língua.
O Homem de Nazaré é o visível do
   Invisível.

20   O Cristo tem tudo em si: o homem,
o anjo, o mistério, o Pai.

21   Os que dizem que o Senhor
      primeiro morreu
e que em seguida ressuscitou se enganam,
pois primeiro Ele ressuscitou; Ele morreu em seguida.
Se alguém primeiro não ressuscita
não pode senão morrer.
Se já ressuscitou é vivente como Deus é Vivente.

22   Não se esconde um objeto de grande valor
      num vaso muito vistoso,
os tesouros são escondidos em
cântaros simples.
Assim acontece com a alma, ela é preciosa
e se encarna numa matéria perecível.

23   Alguns têm temor de ressuscitar nus,
isso porque eles querem ressuscitar
      com seu corpo,
não sabem, eles, que, com ou sem matéria,
      o homem está nu.
Aqueles que se tornam simples até a nudez,
esses não estão nus.

Não é a carne nem o sangue
que podem herdar o Reino de Deus[40].
O que não pode herdá-lo?
A carne e o sangue com os quais nos identificamos.
O que o herdará é a carne e o sangue de Cristo.
Ele disse: "Aquele que não comer minha carne
e não beber meu sangue não terá em si a vida"[41].
O que é sua carne?
Sua carne é a Palavra (*logos*),
seu sangue é o Sopro (*pneuma*).
Aquele que acolhe a Palavra e o Sopro[42]
este recebeu, verdadeiramente, alimento, bebida,
   veste.
Lamento os que dizem que não há ressurreição.
A carne não ressuscitará,
mas o que é que ressuscitará,
que nós veneramos?
O Sopro (*pneuma*) anima a carne (*sarx*),
há também uma luz na carne: o
   Logos.
O que você diz, o diz num corpo,
você não pode dizer nada fora desse corpo.
É preciso despertar a partir desse corpo, pois tudo
   está nele:
Ressuscitar a partir desta vida.

24   Neste mundo, os que usam uma veste
são mais preciosos do que sua veste.

---

40. Cf. 1Cor 15,50.
41. Cf. Jo 6,53.
42. O *Logos* e o *Pneuma* – o Verbo e o Espírito.

No Reino dos Céus as vestes
são tão preciosas quanto aqueles que elas revestiram,
pois eles foram mergulhados numa água e num fogo que a tudo purificam.

25 O que pode ser visível é visível,
o que é secreto permanece secreto,
alguns segredos, contudo, se manifestam.
Há uma água viva na água batismal,
um fogo sagrado na unção (*krisma*).

26 Ieschua não se revelou tal como é na realidade,
mas revelou-se segundo a capacidade daqueles que querem vê-lo.
Ele é o mesmo para todos,
mas revela-se grande aos grandes, pequeno aos pequenos,
aos anjos aparece como anjo,
aos homens como um homem.
O *Logos* é o segredo de tudo.
Alguns daqueles que se conhecem a si mesmos, o conheceram.
Quando Ele manifestou a sua glória
a seus discípulos no alto da montanha,
Ele era grande e não pequeno.
Foi Ele que tornou grandes seus discípulos
para que pudessem vê-lo em sua grandeza.
Naquele dia, na sua ação de graças (*eucharistia*)
Ele disse:

"Tu que reúnes a plenitude e a luz ao
   Sopro (*pneuma*),
concede à nossa imagem e ao nosso anjo
estarem conosco".

27 Não despreze o Cordeiro; sem Ele
é impossível encontrar a porta.
Ninguém poderá dirigir-se ao Rei se estiver nu.

28 Os filhos do Homem celeste são mais
numerosos do que os do homem terrestre.
Se os filhos de Adão são numerosos,
   eles são mortais,
os filhos do Homem plenamente realizado (*telleios*),
estes
   não morrem jamais,
eles são constantemente regenerados.

29 O pai faz um filho, o filho não faz filhos.
Quem foi gerado pode não gerar
O filho pode ter irmãos, não somente filhos.

30 Todos os que nascem no mundo
são gerados por vias físicas,
os outros são gerados por vias espirituais.
Aqueles que são gerados pelo Espírito (*pneuma*)
Esperam a plena realização do Humano,
Nutrem-se da promessa de um espaço
   (*topos*) mais elevado.

31 Aquele que se nutre da palavra que vem à boca
dirige-se rumo a sua plena realização.
O homem pleno torna-se fecundo por
    um beijo
e é por um beijo que dá a vida.
Por isso é que nos abraçamos uns
    aos outros
e nos geramos mutuamente
pelo amor (*charis*) que temos em nós.

32 Eram três os que caminhavam sempre com o Mestre
Maria, sua mãe, a irmã de sua mãe e Miryam de
    Mágdala
que é conhecida como sua companheira (*koinonos*)
porque Miryam é para Ele uma irmã, uma mãe e
    uma esposa (*koinonos*).

33 Pai, filho são nomes simples (*aplous*)
o Sopro é um nome duplo (*diplous*) pois está
    em toda parte,
no alto, embaixo, no que é visível, no que é invisível.
O Espírito (*pneuma*) se manifesta ao descer,
desaparece ao elevar-se.

34 Os santos colocam as energias negativas a
    seu serviço.
Elas são ofuscadas pelo Sopro
A fim de que acreditem estarem servindo a si
    mesmas,
quando, na verdade, estão trabalhando para os
    santos.

Um dia, um discípulo fez ao Mestre uma
 pergunta
sobre o estado do mundo.
Ele lhe respondeu: "Pergunta à tua mãe, ela te
 falará
do que está além (*allotrion*)".

35 Os apóstolos (*apostolos*) diziam aos discípulos
 (*mathètes*):
"Possam nossas oferendas (*prosphora*) obter o sal".
Eles chamavam de sal de *sophia*, sabedoria.
Sem ela nenhuma oferenda é agradável.

36 Mas a sabedoria (*sophia*) é estéril sem
 o Filho.
Assim o sal não é mais que uma impressão.
O que os nutre é o Sopro (*pneuma*)
e são muitas as coisas que gera.

37 O que é do pai também pertence ao filho,
 mas enquanto ele é pequeno não se lhe confia
 tudo que lhe pertence.
Quando se torna homem maduro seu pai
 lhe dá o que é seu.

38 Aqueles que o Sopro gera não sabem onde vão,
é o Sopro que extingue e acende o fogo.

39 Achamoth é uma realidade, Echmoth
 é outra

Achamoth é a sabedoria ordinária;
Echmothh é a sabedoria da morte,
conhecer a morte é uma pequena sabedoria.

40 Alguns animais obedecem ao homem: o
    cervo, o asno,
e outros mais desse gênero.
Há ainda outros que não obedecem,
    vivem sós no deserto.
O homem cultiva os campos com os animais
    domésticos;
graças a isto ele pode alimentar a si
e aos animais domésticos e selvagens.
Do mesmo modo o Homem plenamente realizado
    trabalha
com energias que o obedecem.
Ele prepara todas as coisas a existirem.
Assim tudo se ergue, fica de pé,
O bem e o mal, a direita e a esquerda.
O Sopro (*pneuma*) conduz tudo à satisfação,
Orienta as energias, aquelas que estão sujeitas,
bem como as selvagens e as solitárias.
Reúne-as e recolhe-as de maneira
que não se dispersem mais.

41 Aquele que foi criado é belo e seus filhos são nobres.
Se não tivesse apenas sido criado, mas formado
tu acharias sua semente mais nobre ainda,
Mas se ele foi criado e engendrado, então que
    nobreza!

42 Veio primeiro o adultério, depois o assassínio,
o assassínio é filho do adultério, filho da
    serpente,
assassino como seu pai, e matou seu irmão,
A união (*koinonia*) que junta seres diferentes é
    adultério.

43 Deus é um tintureiro,
as boas tintas, as chamadas
    autênticas,
tornam-se uma coisa só com a matéria que
    tocam.
Assim faz Deus.
Dá às suas tintas suas próprias cores,
as cores da imortalidade.
É assim que nos mergulha nas águas do
    batismo.

44 É impossível alguém ver a realidade em que habita,
a menos que se torne como ela.
A Verdade não se realiza como no mundo,
aquele que vê o sol não se transforma em sol,
aquele que olha o céu, a terra e tudo o que existe
não se transforma naquilo que olha.
Mas se você vir alguma coisa neste outro espaço,
nela se transformará.
Se conhecer o Sopro (*pneuma*) você será o
    Sopro,
se vir o Cristo você se torna o Cristo,
se vir o Pai se torna o Pai.
Neste Espaço-Templo você se torna todas as coisas

e não mais vê a si mesmo,
então, neste Totalmente Outro você se torna todas
   as coisas
e não deixa mais de ser você mesmo.

45 A fé (*pistis*) é acolhimento, o amor (*agapé*) é
   dom.
Ninguém recebe se não tem fé,
ninguém é capaz de doar-se se não tem o amor.
Nós cremos e somos capazes de
   acolher,
doamos para experimentar o amor.
quem doa sem amor não experimenta nada
   de interessante.

46 Quem não acolhe o Mestre ainda é um hebreu.

47 Os apóstolos que existiram antes de nós o chamavam:
"Ieschua de Nazaré, o *Messiah*";
primeiro Ieschua, por último *Messiah*, no meio de
   Nazaré.
Messiah pode significar duas coisas:
"Aquele que foi ungido e aquele que se impõe
   limites".
Yeshua em hebraico significa "a liberdade", *Nazara*
   "a verdade".
assim o Nazareno é a verdade, aquele que
   liberta
e aquele que se impõe limites.

48 A pérola atirada na lama, nem por isso
       perde seu valor
    e se a envolvermos em bálsamo, nem por isso
       valerá mais
    aos olhos de seu proprietário;
    seu valor permanece o mesmo.
    O mesmo acontece com os filhos de Deus,
    onde quer que estejam
    sempre serão igualmente preciosos para seu Pai.

49 Se você disser: "Eu sou um judeu", ninguém
       ficará surpreso,
    se você disser: "Sou um romano", ninguém
       tremerá,
    se você disser: "Sou um grego, um bárbaro, um
       escravo,
    um homem livre", ninguém se incomodará,
    se disser: "Sou um cristão", todos tremerão.
    É possível levar esse nome
    quando até as potências espirituais têm medo dele?

50 O homem é o alimento de Deus,
    se lhe oferecem em sacrifício homens e animais,
    mas aqueles a quem são sacrificados não são
       deuses.

51 Os vasos de vidro e os vasos de argila
       são produzidos com auxílio do fogo.
    Os vasos de vidro podem ser modelados
       novamente
    pois são feitos de um sopro.

Os vasos de argila, estes, se quebrarem
   serão destruídos
porque lhes falta um sopro.

52 Um asno que gira em torno de um moinho
       por dar mil voltas,
   quando é libertado fica sempre no mesmo
       lugar.
   Existem pessoas que caminham muito e
       não vão para a frente.
   Anoitecem sem nenhuma cidade à vista,
   nem um vilarejo, nada no horizonte,
   nem criaturas, nem potências espirituais,
   nem mesmo um anjo;
   em vão terão esses homens sofrido?

53 Dar graças (*eucharistia*) é a obra de Ieschua,
   em siríaco Ele é chamado "aquele que se desdobra",
   com efeito, Ieschua veio, o mundo se abriu
   nas quatro direções da cruz.

54 O Mestre entrou na tinturaria de Levi,
   tomou setenta e duas cores (*kroma*),
   lançou-as na caldeira,
   quando as retirou elas estavam brancas.
   Ele disse: "É assim que o Filho do Homem
   veio como um tintureiro".

55 A Sabedoria (*sophia*) considerada estéril
       (*steira*)
   é a mãe dos anjos.

A companheira (*koinonos*) do Filho é Miryam
   de Mágdala.
O mestre amava Miryam mais que a todos os
   discípulos,
e beijava-a frequentemente na boca.
Os discípulos, vendo-o amar dessa forma Miryam,
   disseram-lhe:
"Por que a amas mais que a todos nós?"
O Mestre lhes respondeu:
"Por que pensam que não os amo tanto quanto a ela?"

56 Quando um homem que vê e um cego
    estão ambos no meio da noite, nada distingue
       um do outro,
    mas assim que chega a claridade, o que vê
       pode vê-la,
    e aquele que é cego permanece na noite.

57 O Mestre dizia: "Bem-aventurado aquele que
          é
    antes de existir, pois aquele que é, era e será".

58 A superioridade do homem não aparece,
    ela é secreta,
    por isso é que ele pode dominar os animais
       que são mais fortes do que ele e
    maiores quanto ao tamanho,
    ele é que lhes permite sobreviverem.
    Mas se o homem se afasta deles
    eles se atacam uns aos outros e se mordem.
       Devoram-se

uns aos outros
por falta de alimento.
Agora, como o homem trabalha a terra
eles encontram o que comer.

59 Se alguém entra na água e sai dela
sem nada receber
e diz: "Eu sou cristão", está se apossando
   do Nome.
Mas se acolhe o Espírito, recebeu a graça do Nome.
Àquele que recebeu um dom (*doréa*), este não
lhe pode ser retirado.

60 É isso que acontece com os cônjuges.
O mistério que une dois seres é grande,
sem esta aliança o mundo não existiria.
O que dá consistência ao mundo é
   o *Anthropos*,
o que dá consistência ao *Anthropos*
é uma relação íntima e durável (*gamos*).
Faça a experiência de um envolvimento puro
   (*koïnonia*),
isso possui um grande poder,
contemple a Presença neste corpo efêmero.

61 Entre os espíritos impuros alguns são masculinos,
   outros femininos.
Os masculinos são os que se unem às
   almas que habitam uma forma feminina,
os femininos são aqueles que se unem às almas que
   habitam um corpo masculino.

Nenhum espírito será livre em relação a estas
   formas se
não tiver ao mesmo tempo um poder masculino e
   feminino;
é o que acontece no quarto nupcial,
quando um homem se torna marido e a mulher
   esposa.
Quando as mulheres imaturas veem um
   homem sentado sozinho,
elas vão até ele, brincam com ele e o persuadem.
Da mesma forma os homens imaturos veem
   uma bonita mulher sentada sozinha,
eles a envolvem, convencem-na e ela se
   deixa seduzir.
Mas se um homem e uma mulher
   estão sentados juntos,
as mulheres não vão até o homem,
os homens não vão até a mulher.
Se a imagem de Deus em nós está unida ao anjo
ninguém ousará tocar nem ao homem nem à mulher.
Aquele que está livre em relação ao mundo
não pode mais ser tratado como escravo.
Ele está além da atração e da repulsa.
Tem domínio sobre sua natureza, está liberto
   de seu ciúme.
Quando vemos alguém assim, nós queremos
   segurá-lo.
Como alguém pode estar livre do poder
da atração e da repulsa?
Existem muitas pessoas que vêm e dizem: "Nós temos
   fé".
Eles pensam que podem escapar dos
   maus espíritos e dos demônios.

Se neles estivesse o Espírito Santo
nenhum espírito mau se aproximaria deles.

62 Não temas a carne e nem te afeiçoes dela.
Se a temeres ela te dominará,
se a amares ela te paralisará e te devorará.

63 Ou estamos neste mundo ou estamos
   ressuscitados (*anastasis*)
ou, ainda, estamos nos mundos intermediários.
Queira Deus que eu não me encontre ali.
Neste mundo há coisas boas e
   más.
O que é bom não é apenas bom,
o que é mau não é somente mau.
Mas para além deste mundo
   existe algo realmente mau,
é o mundo intermediário, o mundo dos mortos.
Enquanto estamos neste mundo
seria bom que conseguíssemos a ressurreição
a fim de que, livres da carne,
   conhecêssemos o repouso (*anapausis*)
e não nos tornássemos espíritos
   errantes no mundo intermediário.
Muitos se perdem no caminho.
É bom erguer-se do mundo antes que
   o homem se extravie nele.

64 Há os que não querem e não podem fazer
   o mal,
há os que querem mas não o fazem,

todavia é o que eles querem que os torna maus
e os extravia mesmo se não fazem nada.
Falta retidão àqueles que nada querem,
como àqueles que fazem o mal.

65 O discípulo de um apóstolo, numa visão,
viu diversas pessoas fechadas numa
    casa
em chamas e que estavam amarradas.
"Joguem água no fogo", elas imploravam,
responderam-lhes que era impossível
    salvá-las.
A morte era a consequência de suas ações.
É isto que também se chama as trevas exteriores.

66 A alma (*psiqué*) e o Espírito (*pneuma*) se
    originam da água e do fogo.
É com água, fogo e luz
que o filho do quarto de núpcias veio
    à existência.
O fogo, então, é uma unção, o fogo é, assim,
    uma luz.
Não falo de um fogo sem forma, mas
    deste fogo
cuja forma é branca,
luz clara que dá beleza.

67 A verdade não veio ao mundo nua,
mas envolta num véu, coberta de imagens e
    arquétipos (*typos*),
não é possível recebê-la de outra maneira,

há uma regeneração através da imagem da
   regeneração.
É preciso realmente renascer a partir desta
   imagem,
ressuscitar é isto,
passando através da imagem o noivo é
   conduzido para dentro da verdade
que é a restauração de todas as coisas
em sua integridade (*apocatastasis*).
Isto acontece para aqueles que não apenas
   conhecem
o nome do Pai, do Filho e do Espírito
mas que os integraram em si mesmos.
Se alguém não integrar esses nomes eqm
   si mesmo,
seu nome lhe será retirado.
O nome de cristão se acolhe
   na unção,
na plenitude e na energia da cruz
que os apóstolos chamam de união dos opostos,
então não se é mais apenas um cristão,
   se é Cristo.

68 O Mestre realiza todas as coisas misteriosamente
mergulhando-nos na água (*baptisma*),
dando-nos uma unção (*chrisma*),
tornando-nos capazes para ações de graças
   (*eucharistia*).
Ele nos liberta e nos faz entrar no
   quarto nupcial (*nunphon*).

69 O mestre dizia: "Eu vim tornar as realidades
de baixo semelhantes às do alto,
e as realidades de fora semelhantes
   às realidades de dentro.
Vim reuni-las nesse Espaço-Templo
onde isto se manifesta através das imagens e dos
   símbolos".
Aqueles que afirmam que há alguém no
   céu se enganam
pois Aquele que se revelou veio das profundezas
e Aquele a quem pertencem as coisas escondidas
está além de todos os opostos.
É correto dizer que o dentro e o fora são um;
o que estivesse fora do fora não existe,
são as trevas exteriores.
O Mestre dizia: "Meu Pai habita no secreto".
Ele disse: "Entra em teu quarto, fecha a porta
e reza ao teu Pai que está no secreto[43],
isto é, no interior do teu ser.
O que existe no interior em total segredo,
é a plenitude (*plerôma*).
Além dela não há nada, ela contém tudo.

70 Antes de Cristo, muitos haviam saído.
De onde tinham saído, aí não podiam mais retornar,
e onde tinham entrado, de lá não podiam mais sair.
Veio o Cristo, aos que tinham entrado fê-los sair
e aos que tinham saído, fê-los entrar.

---

43. Cf. Mt 6,6.

71   Quando Eva estava em Adão, não existia a morte,
quando ela foi separada dele sobreveio a morte.
Se ela novamente entra nele, e ele a acolhe em si mesmo,
não haverá mais morte.

72   "Meu Deus, Meu Deus, por que me abandonaste?"[44]
O Mestre disse essas palavras sobre a cruz
pois foi até a divisão para reunir
tudo aquilo que estava separado em Deus.
O Mestre ergueu-se acima da morte.
e tornou-se o que ele era antes da ruptura;
Seu corpo era inteiro,
Ele tinha um corpo mas esse corpo era o corpo verdadeiro,
o nosso é transitório
é uma imagem do nosso corpo verdadeiro.

73   O quarto nupcial
não é para os animais, nem para os escravos,
nem para os homens e as mulheres impuros,
é para os seres livres, simples e silenciosos.

74   É através do Sopro que somos formados
mas nós somos regenerados por Cristo dois a dois.
Em seu Sopro nós vivemos uma nova relação,

---

44. Cf. Mc 15,34.

não estamos mais na dualidade mas
   na unidade.

75 Ninguém pode ver seu reflexo na água ou
   num espelho se não houver luz,
ninguém pode ver-se na luz se não houver
   um espelho
ou água para se refletir.
É por isso que precisamos mergulhar (*baptizaï*)
   na água e na luz,
a luz está no óleo derramado
   (*chrisma*).

76 Havia três locais de adoração em Jerusalém:
um, aberto do lado ocidental, é chamado
   o Santo,
o outro, aberto do lado sul, é chamado o
   Santo do santo,
o terceiro, aberto do lado oriental, é
   chamado o Santo dos Santos,
o local em que apenas o sumo sacerdote entra.
O mergulho na água e na luz é o
   Santo (batismo),
ser livre é o Santo do santo (unção do crisma).
O quarto nupcial (*numphon*) é o Santo
   dos Santos (comunhão).
Mergulhar na água e na luz conduz à
   ressurreição e à liberdade,
mas esta libertação se manifesta
   no quarto nupcial.

A confiança e a consciência na relação
   são elevadas acima de tudo.
Aqueles que verdadeiramente oram em Jerusalém,
Tu os encontrarás somente no Santo dos
   Santos...
no quarto nupcial.
O que é o quarto nupcial
senão o lugar da entrega e da
   consciência na relação:
uma imagem da Aliança,
que está acima de qualquer forma de
   posse;
é lá que o véu se rasga de alto a
   baixo,
é lá que alguns se levantam e
   despertam.

77 Os poderes nada podem contra aqueles que
       estão revestidos de luz,
    nem podem vê-los.
    Todos se revestirão desta luz
    quando entrarem no mistério
       de uma relação sagrada.

78 Se a mulher não se tivesse separado
       do homem,
    ela não teria morrido com o homem.
    Sua separação foi a origem da morte.
    O Cristo vem para restaurar novamente
       esta ruptura,

refazer a unidade perdida,
vivificar os que se aniquilam pela separação,
restabelecê-los na união.

79 O homem se une à mulher no quarto
   nupcial,
e aqueles que experimentaram esta relação sagrada
   não mais se separarão.
Eva separou-se de Adão porque ela não se tinha
   unido a ele
no leito nupcial.

80 A alma de Adão é animada pelo Sopro
   (*pneuma*)
que sua mãe lhe deu.
Quando sua alma e seu Espírito estavam unidos,
Ele pronunciava palavras que
   as potências não compreendiam.
Elas o invejaram porque eram incapazes
   desta
união espiritual que está serenamente
   velada.

81 Ieschua manifestou às margens do Jordão
a presença de um reino que existia antes de
   todas as coisas.
Neste novo nascimento ele se manifestou como Filho,
depois recebeu a unção.
Homem livre, foi libertador.

82 É permitido falar do que está oculto?
O Pai de tudo o que existe uniu-se ao
   Silêncio da mulher, e a esclareceu.
Manifestou-se no quarto nupcial,
seu corpo nasceu nesse dia, e dá testemunho
   da Aliança,
fruto da união do Amado e da Amada.
Assim, Ieschua pode estabelecer os discípulos
   no repouso.
Ele é harmonia em tudo.

83 Adão nasceu de duas virgens, do sopro
   e da terra.
O *Logos* nasceu do silêncio
para testemunhar que a origem do homem
não é apenas uma queda.

84 Existem duas árvores no meio do jardim (*paradeisos*):
uma forma animais, a outra forma os
   seres humanos.
Adão comeu da árvore que forma animais,
E tornou-se animal.
É bom venerar os animais,
eles são semelhantes ao primeiro homem.
A árvore da qual Adão comeu é a árvore
   dos animais
e ela deu muitos frutos.
Os homens-animais não faltam,
eles são numerosos e se veneram uns aos outros.
No começo Deus criou os homens,
depois os homens criaram deuses.

85   Assim acontece no mundo, os homens se
       fabricam deuses
     e adoram sua criação,
     agora suas criações podem venerá-los,
     os deuses adoram os homens.

86   As obras do homem decorrem de seu
       poder,
     por isso é que as chamamos de energias
       (*dynamis*).
     Seus filhos nascem de seu repouso (*ana-
       pausis*),
     seu poder se manifesta em suas obras,
     seu repouso se manifesta em seus filhos.
     Isto é uma imagem, o homem faz suas obras
       no esforço,
     faz seus filhos no repouso.

87   Neste mundo, os escravos servem
       os homens livres,
     no Reino dos Céus os homens livres
     servirão os escravos;
     os que nasceram no quarto nupcial
     servirão os filhos nascidos do casamento
       (*gamos*).
     Os filhos nascidos do quarto nupcial
       estão em repouso,
     eles não precisam de nada mais,
       a contemplação lhes basta.

88   Por esta contemplação eles permanecem entre
       os corpos gloriosos.

89 O Cristo mergulha-os na água para
       purificá-los
   e conduzi-los à sua plena realização em
       seu Nome.
   Ele disse: "Convém cumprir toda a justiça"[45].

90 Aqueles que afirmam que primeiro morremos
   e depois disso ressuscitamos estão enganados.
   Quem não ressuscitou antes de morrer
   não conhece nada, morrerá.
   Assim aqueles que receberam o batismo viverão,
   o batismo é uma coisa grandiosa.

91 O Apóstolo Felipe conta que o carpinteiro José
       plantou árvores em seu jardim
   porque precisava de madeira para seu
       ofício.
   A cruz foi feita das árvores que ele
       plantara.
   e o fruto de sua semente estava pendurado
       nesta árvore que ele plantara.
   Sua semente era Ieschua, e a cruz, a planta.

92 A árvore da vida fica no meio de um outro
       jardim,
   é o olival de onde foi extraído o óleo
       da unção.
   Graças a ele é possível a ressurreição.

---

45. Cf. Mt 3,15.

93　Este mundo é um devorador de cadáveres.
　　Tudo o que se come aqui tem gosto de ódio,
　　a verdade se nutre do que está vivo
　　e aqueles que se nutrem da verdade vivem.
　　Ieschua vem desse espaço
　　e dá deste alimento àqueles que o desejam.
　　Eles não morrerão.

94　Deus plantou árvores num jardim.
　　O homem viveu entre essas árvores,
　　ele ainda não era um ser dividido quando lhe
　　　foi dito:
　　"Coma desta árvore, ou não coma".
　　A árvore do conhecimento da felicidade e
　　　da desgraça
　　matou Adão,
　　mas a árvore do verdadeiro conhecimento,
　　　a árvore da vida,
　　vivificou o homem.
　　A lei (*nomos*), é uma árvore que separa
　　　o bem e o mal,
　　a felicidade e a desgraça, e não passa disso.
　　O homem não tem que se afastar do mal nem
　　　fixar-se no bem.
　　Quando foi dito: "Coma disto, não coma daquilo",
　　aí originou-se sua morte.

95　Ser ungido de óleo é melhor que ser
　　　mergulhado na água.
　　　É quando recebemos o óleo que nos
　　　　tornamos cristãos,

não quando somos mergulhados na água.
O Cristo foi chamado *Messias* por causa
   da unção,
Ele é "aquele que é ungido".
O Pai dá a unção (o sopro,
   a luz) ao Filho,
o Filho a dá aos apóstolos e os apóstolos
   a transmitem a nós.
Quem foi ungido participa da plenitude,
ressuscitou, a luz, a cruz, o Espírito
   Santo estão nele,
isto, o Pai lho revela no quarto nupcial.

96 O Pai está no Filho, o Filho está no
    Pai.
    Isto é o Reino dos Céus.

97 Alguns quiseram entrar no Reino
       dos Céus
    desprezando o mundo,
    eles não puderam entrar, não eram cristãos.

98 Alguns mergulharam na água,
    e quando se levantaram eles reconheceram a
       Presença em tudo.
    É por isto que nada deve ser desprezado.
    Um rei em farrapos é um rei.
    Se zombamos dele não entramos em seu
       Reino.
    Da mesma forma não se deve zombar do pão,
       do cálice e da unidade
    embora sejam apenas símbolos.

99   O que chamamos de mundo não é o
     mundo real,
  mas se o víssemos com os olhos do Ser
     que o informa
  o veríamos incorruptível e imortal.
  A queda está em olhar do lado do objeto desejado.
  O que chamamos de mundo sempre
     foi transitório,
  ninguém é capaz de receber a incorruptibilidade
  se não se coloca numa relação filial,
  quem não sabe receber, como poderia
     dar?

100   A taça (*poterion*) da bênção contém
      vinho,
   e também contém água,
   símbolos do sangue sobre o qual se dá graças
      (*eucharisteia*),
   ela está repleta do Espírito Santo, é a
      taça do homem pleno.
   Se dela bebermos entraremos na
      plenitude.

101   A água viva é um corpo (*soma*)
      precisamos revestir-nos
        do Homem vivo,
   se alguém mergulha nessa água,
   ele abandona suas velhas vestes para revestir-se das
      novas.

102 Um cavalo gera um cavalo,
   um ser humano gera um ser humano,
   um deus gera um deus,
   os filhos do Amado e da
      Amada
   nascem do quarto nupcial.
   Nenhum judeu pode nascer de um grego,
      porquanto existe a lei
   mas os cristãos vêm dos judeus.
   Há ainda outra raça animada pelo
      Sopro (*pneuma*),
   São os homens verdadeiros, os filhos do
      Homem, os filhos do Filho.
   Esses homens verdadeiros são chamados a viver
      no mundo.

103 Onde quer que estejam, eles são filhos do
e
104   quarto nupcial,
   uma certa harmonia é possível neste mundo,
   quando se unem o homem e a mulher, a
      força e a fraqueza.
   No Espaço-Templo (*Eon*) a forma
      da união é diferente,
   embora precisemos empregar este nome,
   existem, contudo, formas de união
      superiores a tudo que se possa nomear,
   mais fortes que todas as forças,
   é a potência que lhes é destinada.
   Aqueles que experimentam isso não se separam mais.
   São um, acima da diferenciação dos corpos.

105 Não é necessário que aqueles que conhecem
tal plenitude se reconheçam entre si?
Alguns, contudo, não se reconhecem
e se privam desta alegria;
os que se reconhecem entre si
experimentam a alegria (*apolenein*) de viver
juntos essa plenitude.

106 A Plena Realização torna o Homem
(*Anthropos*) imperceptível aos sentidos e invisível.
Se o víssemos, o incluiríamos nos
limites das coisas visíveis.
Para conhecer a graça de uma verdadeira
comunhão com Ele,
é preciso revestir-se de uma luz brilhante.
Nessa luz nós veremos sua luz.

107 Antes de deixarmos este mundo devemos
tornar-nos homens habitados pelo Sopro.
Aquele que recebe a plenitude sem acolhê-la
realmente
ainda não está na Paz,
ele errará pelo mundo intermediário de sua
imperfeição.
Somente Ieschua conhece a plena realização de
tudo aquilo que está se realizando.

108 O Homem santo é santo também no seu
corpo (*soma*).
Ele santifica o pão e o cálice,
tudo que toca fica purificado.
Como não purificaria também o corpo?

109 Ieschua santificou as águas do batismo,
Ele esvaziou seu poder de dissolução,
por isso é que podemos entrar nelas
   sem morrermos
e receber nelas um sopro diferente do
   sopro do mundo.
Esse, quando respira em nós, gera
   o inverno,
e quando é o Espírito Santo que sopra
   em nós, gera a primavera.

110 Aquele que tem conhecimento (*gnosis*) da
      verdade é livre (*eleuthèros*),
   o homem livre é correto.
   Aquele que comete o pecado é escravo do
      pecado[46].
   A verdade é nossa mãe e o conhecimento
      (*gnosis*) é garantia de nossa união com ela.
   Aqueles que não se desviam dela, o mundo os
   chama de homens livres,
   o conhecimento da verdade eleva seu coração,
   torna-os livres de todo apego;
   é o amor que os faz agir.
   Aquele que se libertou pelo
      conhecimento
   se faz servo de todos aqueles
   que ainda não possuem esse conhecimento e
      essa liberdade.
   O conhecimento (*gnosis*) os torna capazes
      disso

---

46. Cf. Jo 8,34.

porque eles são livres em relação à sua
própria liberdade.
O Amor não se priva de nada e nada
    toma,
é a mais elevada e a mais vasta liberdade.
Tudo existe pelo amor.
Ele não diz: "Isto é meu", mas "isto é teu".

111 O amor (*agapé*) espiritual (*pneumatikos*) é
êxtase e fragrância,
eles se deleitam, aqueles que recebem a unção.
Também podem deleitar-se aqueles que não
    pertencem à comunidade,
eles aproveitam dessa proximidade
mas acabam distanciando-se, perdem o
    perfume da unção
e retornam a seus odores naturais.
O samaritano não deu ao ferido nada mais
    que vinho e óleo.
A unção cura todas as feridas,
pois o amor cura uma multidão de erros nossos[47].

112 É com aquele que a mulher ama que os
    filhos se parecem.
Quando é o seu marido, eles se
parecem com seu marido,
    quando é um amante,
eles se parecem com o seu amante.
Muitas vezes, quando a mulher se une com seu
    marido por obrigação

---

47. Cf. 1Pd 4,8.

mas seu coração está com o amante com quem
ela se une habitualmente,
aquele que ela gera se parece com seu amante.
Vocês que estão com o Filho de Deus, não amem
nada de mundano,
amem o Mestre, para que o que for
gerado por vocês se pareça com o Mestre e com
nada mais.

113 Os humanos se unem aos humanos,
os cavalos aos cavalos, os asnos aos asnos,
cada espécie se une ao seu semelhante.
Também o nosso sopro procura o sopro,
nossa inteligência, a inteligência,
cada claridade busca sua luz.
Torna-te mais humano, os humanos te amarão,
torna-te mais espiritual, e o Espírito, o Sopro
santo se unirá a ti.
Torna-te mais inteligente, e é o *Logos*
que se unirá a ti.
Se tu te tornas mais claro, é a luz que
se unirá a ti.
Se te elevas, conhecerás o descanso
nas alturas.
Se tu te comportas como um cavalo,
um asno, um cervo,
um cachorro ou qualquer outro animal estranho a ti
não poderás te unir ao humano, nem ao Espírito,
nem ao *Logos* ou à luz,
nem ao que está no alto, nem ao que está no
interior.

Todas estas realidades não podem repousar em ti
se não te tornas semelhante a elas por amor.

114 Aquele que é escravo involuntariamente
    poderá, se quiser, tornar-se livre.
Aquele que se libertou pela graça
    de seu Mestre
e que se entregou a si próprio à escravidão,
como poderia se libertar novamente?

115 O que se colhe no mundo é
    composto
de quatro elementos: a água, a terra, o vento,
    a luz.
O que Deus colhe também é composto
de quatro elementos: a fé (*pistis*), a esperança (*elpis*),
o amor (*agapé*) e a contemplação
    (*gnosis*).
Nossa terra é a fé, que nos dá raízes.
A água é a esperança, que nutre
    e consola,
o vento (*pneuma*) é o amor (*agapé*) que nos faz
    crescer
e a luz é esta contemplação (*gnosis*) que nos
    torna maduros.

116 A graça nos é comunicada de quatro
    maneiras:
pelo trabalho da terra, o gosto pelo céu
e pelo que está além do céu, o amor pela verdade.
Bendito é aquele que não causa nenhuma tristeza
    na alma.

Esse é Jesus Cristo.
Ele vem em todos os lugares e não sobrecarrega
   ninguém.
Bem-aventurado aquele que assim age,
é um homem realizado.
O *Logos* habite nele.

117 Dizei-nos como corrigir-nos,
como realizar algo tão grandioso
e conhecer o repouso?

118 Antes de tudo, precisamos não entristecer
   ninguém (*lupein*),
grande, pequeno, fiel ou infiel...
depois, dar a paz àqueles que se aprazem no bem.
Poderíamos pensar que se acha prazer em
dar a paz àqueles que fazem o bem,
isto acontece fora do jogo das vontades.
Aquele que está feliz não é capaz de afligir
   ou oprimir,
mesmo assim, às vezes, alguns sentem inveja de sua
   paz e de sua felicidade.
Para eles é um sofrimento, mas não deveria ser,
é de sua natureza (*physis*) transmitir alegria.

119 Um grande proprietário tinha filhos,
   empregados,
bois, cães, porcos, trigo, cevada,
palha, capim, ossos, carne e nozes.
Ele dava com sabedoria o que convinha a
   cada um.

Às crianças dava pão, azeite de oliva e carne,
aos empregados dava azeite e trigo, aos
bois cevada, palha e capim,
aos cães atirava os ossos, e aos porcos
nozes e restos de pão.
Assim é com os discípulos de Deus.
Sendo um homem sábio, percebe a condição
   de cada um.
A aparência externa não o induz em erro,
o que considera são as disposições da alma
e dirige sua palavra a cada um.
Há muitos animais no mundo
que têm aparência humana,
quando ele os reconhece,
aos porcos atira as nozes, aos bois dará
cevada, palha e capim, aos cães jogará os ossos,
aos empregados ensinará o básico,
aos filhos ensinará tudo.

120 Existe o Filho do homem e o filho do Filho
   do homem.
O Mestre é o Filho do Homem,
o filho do Filho do homem é aquele que Ele gerou.
O Filho do homem recebeu de Deus o poder de
   gerar.

121 Aquele que recebeu o poder de criar é uma
   criatura,
aquele que recebeu o poder de gerar é o filho,
   quem cria não pode gerar,
   quem gera pode criar.

Contudo, se diz: "Aquele que cria, gera"
mas o que ele gera não é mais que uma criatura.
Não são seus filhos, mas se parecem com eles.
Quem cria trabalha visivelmente e ele mesmo é
 visível.
Aquele que gera trabalha em segredo,
e ele próprio é oculto e transcende a toda semelhança
aquele que cria, cria visivelmente,
aquele que gera, gera seus filhos em segredo.

122 Ninguém sabe o dia em que o homem e
 a mulher se unem,
exceto eles mesmos.
A relação segundo o mundo já é um mistério,
quanto mais a relação que encarna a aliança oculta,
não é uma realidade carnal, apenas,
há silêncio nesta relação.
Ela não decorre dos impulsos ou do desejo
 (*epithumia*),
é um ato da vontade,
ela não é obscura, é luz.
Uma relação ordinária, se é feita diante
 dos olhos de todos em pleno dia,
isto é impudico,
se a noiva recebe a semente do homem fora de seu
 quarto, e se ela se
mostra a todos, é impudica.
Ela só pode ser vista nua pelo seu pai,
sua mãe, pelo amigo de seu noivo e os filhos do
 quarto nupcial.
A estes é permitido entrarem no quarto das
 núpcias,

os outros não podem ouvir a voz do
  Bem-amado e da Bem-amada, nem
respirar seu perfume.
Eles podem somente imaginar as migalhas
  que caem da mesa como os cães.
A relação do Bem-amado e da Bem-amada
Pertence ao mistério da Aliança
e ninguém pode vê-los, a menos que se tenha
  tornado
  o que eles são.

123 Quando Abraão se alegrou por ver o que
  devia ver,
ele cortou a carne de seu prepúcio,
  mostrando-nos assim
que devemos nos afastar dos limites da carne
  e do mundo,
tornar-nos livres.
Enquanto algumas realidades permanecem
  ocultas,
elas sobrevivem,
quando são mostradas, elas morrem.
Enquanto as entranhas do homem estão
  no seu interior, ele está vivo.
Se suas entranhas forem expostas e postas para
  fora dele, ele morrerá.
Também acontece isso com as árvores,
Enquanto suas raízes permanecem escondidas
ela pode florir e crescer; mas se mostrar suas raízes,
  a árvore seca.
Assim é com tudo aquilo que nasce no mundo,
as realidades visíveis e as realidades invisíveis.

Enquanto a raiz do mal permanece oculta ela
   se fortalece,
mas quando é desvelada, é destruída,
por isso é que se diz:
"O machado já está posicionado na raiz das
   árvores"[48].
Ele não cortará o que poderia voltar a crescer,
ela atingirá profundamente a raiz
   até extirpá-la.
Ieschua arrancou o medo que está na raiz
   do mal,
isto é o que envenena nossa vida,
mas ele a arrancou apenas parcialmente,
para que cada um cave até suas próprias raízes
e se empenhe pessoalmente em desenraizar de seu
   coração
aquilo que é mau e causa infelicidade.
Para arrancar precisamos reconhecer,
mas se não quisermos reconhecer
o que existe de mau em nós, como iremos
   arrancá-lo?
Esta má raiz dará seus frutos
   em nós e neste mundo,
e nos dominará, nos tornará seus
   escravos,
e faremos o que não queremos
   fazer
e aquilo que queremos não poderemos
   mais fazer.
Seu poder é a nossa ignorância ou nossa
   recusa em conhecê-la.

---

48. Cf. Mt 3,10.

Existindo, ela é operante,
a ignorância é a causa de todo mal, está
 a serviço da morte.
Da ignorância nada jamais nasceu nem nascerá,
os que estão atentos serão felizes
quando a verdade se manifestar.
A verdade é como a ignorância:
oculta, ela repousa em si mesma,
mas quando se revela, a reconhecemos
 e glorificamos
pois ela é mais potente que a ignorância
 e o erro.
Ela traz liberdade.
O *Logos* disse: "Se conhecerdes a
 Verdade, a verdade vos libertará"[49].
A ignorância é escravidão,
o conhecimento (*gnosis*) é libertação.
Se reconhecermos a verdade, saborearemos
 os seus frutos em nós mesmos.
Se nos unirmos a ela, partilharemos
 de sua plenitude (*pléroma*).

124 Nós sabemos o que a criação nos revela,
 dizemos que são coisas poderosas
  e respeitáveis;
 e aquilo que desconhecemos, consideramos
  fraco e desprezível.
 Assim as realidades reveladas à vigilância
  parecem fracas e desprezíveis,
 mas são fortes e estimáveis.

---
49. Cf. Jo 8,32.

Os mistérios da Verdade nos são manifestados
na forma de arquétipos ou de imagens.

125 O quarto nupcial, no qual se realiza a
   Aliança, está oculto para nós,
é o Santo dos Santos.
O véu dissimula aquilo que não podemos ver,
a maneira pela qual Deus dá formas à criação.
Quando o véu se romper e o interior
   se manifestar
abandonaremos nossa casa deserta,
   ela será destruída.
Mas a divindade em sua plenitude não deixará
   esses lugares
para habitar apenas o Santo dos
   Santos,
não desejará unir-se imediatamente à
luz sem mistura, à plenitude sem deficiência,
ela se colocará sob os braços e as asas da cruz.
Esta arca será nosso refúgio quando as águas
   vierem.
Se houver sacerdotes, eles poderão entrar no
   interior,
para além do véu, com o sumo sacerdote.
É por isto que o véu não se rasgou
apenas no alto, pois nesse
   caso ele se teria aberto apenas aos de cima,
e nem se rasgou apenas embaixo, pois
se teria aberto apenas aos que estão embaixo.
Ele se rasgou de alto a baixo,
   o que está nas alturas
abriu-se a nós, que estamos embaixo,

a fim de que entremos também no segredo
    da verdade.
Naquilo que é digno de estima e repleto de poder,
nós penetramos através de imagens e
    frágeis signos.
Estas realidades relativas, com efeito, são muito
insignificantes diante do Absoluto.
Glória que ultrapassa a glória, potência mais
    forte que potência,
a plenitude foi-nos oferecida no segredo da
    vigilância,
o Santo dos Santos se manifestou;
através da união sagrada nós somos
    convidados para o interior.
Enquanto isto está oculto, a maldade encontra
    lugar,
envenena sempre as sementes (*sperma*),
o mal está sempre operante.
Mas quando isto se manifestar,
a clara luz se difundirá sobre cada um, e
    todos aqueles
que se encontrarem nela receberão a unção
    (*chrisma*).
Os escravos e os prisioneiros serão
    libertados.

126 Toda planta que meu Pai que está nos
    céus não plantou será arrancada.
Aqueles que estavam separados poderão novamente
    unir-se e fecundar-se.
Todos aqueles que praticarem a relação sagrada
    (*koïton*) acenderão a luz,

eles não gerarão como nos casamentos ordinários,
em que isto é feito na escuridão.
O fogo que queima ilumina a noite, depois se
apaga,
mas o mistério desta relação não se apaga,
realiza-se no dia e na luz sem ocaso.

127 Quando alguém prova Confiança e Consciência
no momento da relação,
ele se torna filho da luz.
Se alguém não as recebe,
é porque permanece apegado ao que conhece,
se deixar de apegar-se, tornar-se-á capaz
de recebê-las.
Aquele que receber nua esta luz não será mais
reconhecido,
não poderá mais ser identificado e ninguém
poderá afligi-lo ou prejudicá-lo,
quer ele esteja neste mundo ou já o tenha deixado.
Ele já conhecia a verdade em imagens.
Este mundo tornou-se para ele outro
mundo
e este Espaço-Templo (*Eon*) para ele é
plenitude (*pleroma*).
Ele é o que é. Ele é um.
As trevas não podem ocultá-lo, nem a noite.
Ele desapareceu no Dia sem defeito e na
luz santa.

EVANGELHO SEGUNDO FELIPE

Referências

AUBIN, P. *Le problème de la conversion*. Étude sur un thème commun à l'hellénisme et au christianisme des trois premiers siècles (*Théologie Historique*, 1). Paris, 1963.

BATIFFOL, P. *L'Église naissante, Hermas et le problème moral au second siècle*. In: *R.B.*, 1 (1901), p. 337-342.

BIDEZ, J. & CUMONT, F. *Les mages hellénisés (Zoroastre, Ostarès et Hystaspe) d'après la tradition grecque*. 2 vol. Paris, 1938.

CERFAUX, L. *Le Christ dans la théologie de Saint Paul* (*Lectio Divina*, 6). Paris, 1951.

CHIRAT, H. *À propos de quelques ouvrages récents touchant l'ancienne littérature chrétienne*. In: *Rv S.R.* (Estrasburgo), 36 (1962), p. 85.

CULLMANN, O. *Le problème littéraire et historique du roman pseudo-clémentin*. Étude sur le rapport entre le gnosticisme et le judéo-christianisme (*Études d'histoire et de philosophie religieuses publiées par la Faculté de théologie protestante de l'université de Strasbourg*, 23). Paris, 1930.

DANIÉLOU, J. *Théologie du judéu-christianisme* (Bibliothèque de Théologie. Histoire des doctrines chrétiennes avant Nicée, I). Paris, 1958.

DORESSE, J. *Les livres secrets des gnostiques d'Égypte*. Paris, 1958.

DORESSE, J. *L'Évangile selon Thomas ou les paroles de Jésus*. Paris, 1959.

DUCHESNE-LEVILLEMIN, J. *Le Logos en Iran et en Grèce* (*Quaderni della Biblioteca filosofica di Torino*, 3). Turim, 1962.

DUPONT, J. *Gnosis, la Connaissance religieuse dans les Épîtres de Saint Paul* (*Universitas Catholica Lovaniensis. Dissertationes ad gradum magistri in Facultate Theologica consequendum conscriptae*, series II, 4). Louvain/Paris, 1949.

EDSMAN, C.-M. *Le Baptême de feu* (*Acta Seminarii Neotestamentici Upealiensis*, IX). Leipzig/Uppsala, 1940.

EISENBERG, J.; ABÉCASSIS, A. *À Bible ouverte*, I-II. Albin Michel, 1979.

FESTUGIÈRE, A.-J. *La Révélation d'Hermès Trismégiste (É.B.)*. I^3: *L'astrologie et les sciences occultes*. Paris, 1950.

FESTUGIÈRE, A.-J. *La Révélation d'Hermès Trismégiste (É.B.)*. II: *Le Dieu cosmique*. Paris, 1949.

FESTUGIÈRE, A.-J. *La Révélation d'Hermès Trismégiste (É.B.)*. III: *Les doctrines de l'âme*. Paris, 1953.

FESTUGIÈRE, A.-J. *La Révélation d'Hermès Trismégiste (É.B.)*. IV: *Le Dieu inconnu et la gnose*. Paris, 1954.

FROIDEVAUX, L.-M. *Irénée de Lyon. Démonstration de la prédication apostolique* (*S.C.*, 62). Paris, 1959.

GANDILLAC, M. de. *La sagesse de Plotin*. Urin, 1966.

GIKATILA, R.J. *Le secret du mariage de David et Bethsabée*. Éd. de l'Éclat, 1994.

GUILLAUMONT, A.; PUECH, H.-Ch.; TILL, W.; 'ABD-AL-MASIH, Y. *L'Évangile selon Thomas*. Paris, 1959.

HADOT, P. *Plotin ou la simplicité du regard (la recherche de l'Absolu)*. Paris, 1963.

JOLY, P. *Hermas. Le Pasteur* (*S.C.*, 53). Paris, 1958.

KRAMER, S.N. *Le mariage sacré*. Berg international, 1983.

KROYMANN, E. *Tertullien. Contre toutes les hérésies. La chair du Christ. La résurrection de la chair* (C.S.E.L., XLVII, LXX). Viena, 1906-1942.

LABOURT, J.; BATIFFOL, P. *Les odes de Salomon*. Traduction française et introduction historique. Paris, 1911.

LEBRETON, J. Le désaccord dela foi populaire et de la théologie savante dans l'Église au IIIe siécle. *In: R.H.E.*, 19 (1923), p. 501.

LELOUP, J.-Y. *L'Évangile de Thomas*. Paris: Albin Michel, 1986.

LELOUP, J.-Y. *L'Évangile de Jean*. Paris: Albin Michel, 1989.

LELOUP, J.-Y. *L'Évangile de Marie*. Paris: Albin Michel, 1997.

LOSSKY, V. *Théologie négative et connaissance de Dieu chez Maître Eckhardt* (*Études de philosophie médiévale*, XLVIII). Paris, 1960.

LUNDBERG, L. *La typologie baptismale dans l'Ancienne Église* (*Acta Seminarii Neotestamentici Upealiensis*, X). Leipzig/Uppsala, 1932.

MÉNARD, J.-E. *L'Évangile de Vérité*. Rétroversion grecque et commentaire. Paris, 1962.

MÉNARD, J.-E. Les élucubrations de l'Evangelium Veritatis sur le "Nom". *In: S.M.R.*, 5 (1962), p. 185-214.

MÉNARD, J.-E. *L'Évangile selon Philippe* (*Theologica Montis Regii*, 35). Paris/Montreal, 1964.

MOPSIK, C. *Lettre sur la sainteté*. Verdier, 1986.

NAU, M.-F. Fragment inédit d'une traduction syriaque jusqu'ici inconnue du Testamentum D.N.J.C. Paris, 1901. (Extrato do *Journal Asiatique* de março-abril de 1901).

PREUSCHEN, E. *Origène. Commentaire de Jean* (*G.C.S.*, X). Leipzig, 1903.

PUECH, H.-Ch. *Le manichéisme. Son fondateur. Sa doctrine* (*Biblio- thèque* de diffusion, LVI). Paris, 1949.

PUECH, H.-Ch. La gnose et le temps. In: *Eranos Jahrbuch*, 20 (1951), p. 57-113. In: *Annuaire du Collège de France*, 58ᵉ année (1957-1958), p. 233-239. In: *Annuaire du Collège de France*, 61ᵉ année (1960-1961), p. 180- 189. *Ibid.*, 62ᵉ année (1961-1962), p. 195-203. *Ibid.*, 63ᵉ année (1962- 1963), p. 199-213. *Ibid.*, 64ᵉ année (1963-1964), p. 209-217.

QUISPEL, G. *Ptolémée. Lettre à Flora* (*S.C.*, 24). Paris, 1949.

REIFFERSCHEID, A.; WISSOWA, G. *Tertullien. Le témoignage de l'âme* (*C.S.E.L.*, XX). Viena, 1890.

SAGNARD, F.-M.-M. *La gnose valentinienne et le témoignage de Saint Irénée* (*Études de Philosophie Médiévale*, XXXVI). Paris, 1947.

SAGNARD, F.-M.-M. *Clément d'Alexandrie. Extraits de Théodote* (*S.C.*, 23). Paris, 1948.

SAGNARD, F.-M.-M. *Irénée de Lyon. Contre les hérésies*, III (*S.C.*, 34). Paris, 1952.

SCHOLEM, G. *Les grands courants de la mystique juive* (*Bibliothèque scientifique*). Paris, 1950.

SIMON, M. Remarques sur la sotériologie du Nouveau Testament. In: *The Saviour God*, p. 144-155.

VAUX, R. de. *Les institutions de l'Ancien Testament*, II: *Institutions militaires. Institutions religieuses*, Paris, 1960.

VAUX, R. de. *Les sacrifices de l'Ancien Testament* (*Cahiers de la Revue Biblique*, 1). Paris, 1964.

Conecte-se conosco:

f facebook.com/editoravozes

◎ @editoravozes

𝕏 @editora_vozes

▶ youtube.com/editoravozes

✆ +55 24 2233-9033

www.vozes.com.br

Conheça nossas lojas:

www.livrariavozes.com.br

Belo Horizonte – Brasília – Campinas – Cuiabá – Curitiba
Fortaleza – Juiz de Fora – Petrópolis – Recife – São Paulo

EDITORA VOZES LTDA.
Rua Frei Luís, 100 – Centro – Cep 25689-900 – Petrópolis, RJ
Tel.: (24) 2233-9000 – E-mail: vendas@vozes.com.br